KU 3

Organisationshilfen und Praxisbausteine für einen Konfirmandenunterricht im 3. Schuljahr

Herausgegeben von Hans-Ulrich Kessler
unter Mitarbeit von
Insa Amelsberg
Falk Becker
Margot Bell
Rainer Gremmels
Ruth Kluth
Birgit Neumann
Helmut Nowoczin
Christoph Peters
Lilo Peters
Gitta Wering

Gütersloher Verlagshaus

KU 3 : Organisationshilfen und Praxisbausteine für einen
Konfirmandenunterricht im 3. Schuljahr / hrsg. von Hans-Ulrich Kessler ...
- Gütersloh : Gütersloher Verl.-Haus, 2002
ISBN 3-579-03292-5

Dieses Werk folgt der reformierten Rechtschreibung und Zeichensetzung. Ausnahmen bilden Texte, bei denen künstlerische, philologische oder lizenzrechtliche Gründe einer Änderung entgegenstehen.

Für freundlich erteilte Abdruckgenehmigungen danken wir allen Autorinnen, Autoren und Verlagen. Trotz intensiver Bemühungen war es leider nicht bei allen Texten möglich, den/die Rechtsinhaber/in ausfindig zu machen. Für Hinweise sind wir dankbar. Rechtansprüche bleiben gewahrt.

ISBN 3-579-03292-5
© Gütersloher Verlagshaus GmbH, Gütersloh 2002

Umschlaggestaltung: Init GmbH, Bielefeld, unter Verwendung eines Fotos von Peter Wirtz, Dormagen
Illustrationen: Sabine Gerke, Hannover
Satz und Layout: Hermann-Josef Frisch, Lohmar
Druck und Bindung: Grafo F.A., Basauri
Printed in Spain

www.gtvh.de

Inhalt

A Allgemeines zur Einführung von KU 3

1. Informationen zum vorgezogenen Konfirmandenunterricht (KU 3)

In vielen Gemeinden wird zurzeit über die Konfirmandenarbeit neu nachgedacht. Eine Möglichkeit, die Konfirmandenarbeit zu verändern, besteht darin, das erste KU-Jahr parallel zum dritten Schulbesuchsjahr zu legen. Mit dieser Organisationsform haben eine ganze Reihe von Gemeinden bereits seit Jahren Erfahrungen gesammelt. Wir haben für interessierte Gemeinden einen kurzen Überblick zusammengestellt: Welche Vor- und Nachteile bietet die Umstellung auf KU 3? Worauf ist bei der Einführung von KU 3 zu achten?

1.1 Was ist das eigentlich – KU 3?

Die Grundidee ist einfach: Das erste KU-Jahr wird parallel zum dritten Schuljahr der Grundschule gelegt. Das zweite KU-Jahr bleibt parallel zum 8. Schuljahr. Die „Lücke" zwischen diesen beiden KU-Jahren (vier Jahre) wird durch Angebote aus dem Bereich der Jugendarbeit gefüllt. Die Idee zu diesem Modell kommt aus der Hannoverschen Landeskirche. Dort und in der Literatur ist es bekannt geworden unter dem Namen seines Ursprungsortes: „Hoyaer Modell".

1.2 Welche Gründe sprechen für KU 3?

U.a. lassen sich folgende Gründe nennen:
* *Religiöse Erziehung – weniger in der Familie, deshalb mehr in der Gemeinde:*
  Die Abnahme der Bindungskraft religiöser Institutionen zeigt sich in Bezug auf die Erziehung von Kindern folgendermaßen: Familien sind zunehmend weniger der Ort einer *spezifischen* religiösen Prägung der in ihnen aufwachsenden Kinder. Vielmehr stellen Familien heute Kindern häufig eine Art Baukasten mit religiösen Bausteinen unterschiedlichster Provenienz zur Verfügung. Nur in den seltensten Fällen gelingt es jedoch, den Kindern daraus eine stabile religiöse Behausung zu bauen. Diese Situation fordert Gemeinden heraus, Wege zu suchen, wie sie Kinder so frühzeitig wie möglich bei dem Bau einer solchen Behausung unterstützen können. KU 3 ist *ein* solcher Weg, auf dem 8- und 9-jährigen Kindern tragfähige Bausteine aus der christlichen Tradition in die Hand gegeben werden können.
* *Je jünger die Kinder, desto größer das Elterninteresse:*
  Zugleich kann KU 3 die Familie als Ganze bei der Ausprägung einer spezifischen Religiosität unterstützen. Denn Eltern von 8- oder 9-jährigen Kindern lassen sich leichter für religionspädagogische Bildungs- und Gottesdienst-

angebote von Gemeinden gewinnen als Eltern von 13- bzw. 14-jährigen Jugendlichen.

- *Eltern – Lernen durch Verantwortung:*
  Darüber hinaus kann KU 3 aktive Beteiligungsmöglichkeiten für Eltern zur Verfügung stellen, die sie in der Entwicklung von Sprachfähigkeit in Bezug auf den eigenen Glauben fördert (vgl. dazu „KU 3 mit Eltern"). KU 3 erreicht damit eine Altersgruppe, die in den traditionellen Angeboten vieler Gemeinden ihren Platz häufig nicht findet. So unterstützt KU 3 die Entwicklung mündiger Gemeinden.
- *Gemeinde – so wichtig sind Kinder:*
  KU 3 fordert von den Unterrichtenden und Gemeinden besonderes Engagement. Dieses Engagement drückt die Wertschätzung aus, die der Arbeit mit Kindern und Jugendlichen gilt.
- *Lernen macht Spaß:*
  KU 3 macht unterrichtenden Pfarrerinnen und Pfarrern und unterrichteten Kindern Spaß. Somit beginnt der KU als eine gemeinsame „Spaß- und Lerngeschichte". Davon profitieren alle Beteiligten auch im zweiten (regulären) KU-Jahr.

1.3 Warum ausgerechnet das 3. Schuljahr?

Für das dritte Schuljahr sprechen folgende Argumente: Im 3. Schuljahr beherrschen Kinder in der Regel die Kulturtechniken Lesen, Schreiben und Rechnen relativ gut. Dies ist eine wichtige Voraussetzung für KU 3. Auf der anderen Seite ist das 3. Schuljahr (anders als das 4.) noch unbelastet vom Druck der Vorbereitung auf eine bestimmte weiterführende Schule. So können sich Kinder (und Eltern) gut und gern auf KU 3 einlassen.

1.4 Was passiert mit dem regulären ersten Jahr (parallel zum 7. Schuljahr)?

Die vorliegenden Erfahrungen mit KU 3 zeigen Folgendes: Auf das reguläre erste KU-Jahr (parallel zum 7. Schuljahr) kann eine Gemeinde mit vorgezogenem KU verzichten. Die Gründe dafür liegen v.a. darin, dass KU 3 zum einen nicht flächendeckend alle 8- bis 9-jährigen Kinder erreicht und dass zum anderen Familien in das Gemeindegebiet ziehen, deren Kinder keine Gelegenheit hatten, an KU 3 teilzunehmen. Das bedeutet: Die Gemeinden, die sich für KU 3 entschließen, arbeiten in ihrer Konfirmandenarbeit mit *drei unterschiedlichen (Alters-)Gruppen*: KU 3 (8–9-Jährige), KU 7 (12–13-Jährige), KU 8 (13–14-Jährige). Für das reguläre erste Jahr (KU 7) empfehlen sich zeitlich unaufwendigere Modelle als das Wochenstundenmodell, z.B. ein Block-Modell.

1.5 Wie lässt sich KU 3 organisieren?

Hinter dem Titel „KU 3" verbergen sich in organisatorischer Hinsicht sehr unterschiedliche Modelle. Welches Organisationsmodell sich für Ihre Gemeinde anbietet, richtet sich nach den jeweiligen örtlichen Gegebenheiten. Vor der Beschreibung von drei Organisationsmodellen stehen einige allgemeine Hinweise, die bei der Organisation von KU 3 Berücksichtigung finden sollten.

1.5.1 Allgemeine Hinweise zur Organisation von KU 3:

- In Bezug auf die *Zeitstruktur* stehen bei KU 3 dieselben Möglichkeiten offen wie im regulären KU: Wochenstundenmodell oder Blocktage. KU 3 in Blocktagen ist bisher allerdings noch nicht erprobt. Das Wochenstundenmodell unterstützt in besonderer Weise die Entwicklung einer stabilen Beziehung zwischen Unterrichtenden und Unterrichteten einerseits und unter den Unterrichteten andererseits. Damit wird das Wochenstundenmodell den Bedürfnissen der Kinder dieser Altersgruppe eher gerecht als ein Blockmodell. Im Rahmen des Wochenstundenmodells sind Einheiten zwischen 45 und 90 Minuten denkbar und erprobt.
- KU 3 braucht die *Unterstützung der Eltern.* Ein frühzeitiges Anschreiben (Mai), in dem der Sinn des Vorhabens, die organisatorischen Details und vor allem die Termine des gesamten Jahres benannt werden, hat sich bewährt. Der evangelische RU der Grundschulen ist oft ein verlässlicherer Verteiler für dieses Schreiben als die eigene Gemeindekartei. (*Achtung:* Nicht ohne Rücksprache mit Kolleginnen und Kollegen Kinder aus anderen Gemeinden anwerben.) Ein vorbereitender Elternabend etwa vier Wochen vor den Sommerferien ist sinnvoll.
- KU 3 gewinnt durch die *Kooperation mit den Religionslehrerinnen und -lehrern.* Im günstigsten Fall ist eine Absprache über die Themen möglich. Auf jeden Fall sollte eine Information über die Themen von KU 3 allen RU-Lehrenden zugehen.
- KU 3 zieht in der Regel Kreise über die eigene Gemeinde hinaus. Deshalb ist es sinnvoll, vor Beginn von KU 3 *Absprachen mit Kolleginnen und Kollegen aus Nachbargemeinden* zu treffen: Sollen, dürfen, müssen Kinder aus diesen Gemeinden aufgenommen werden? *Achtung:* Die eigenen Kräfte realistisch einschätzen!
- Weil KU 3 nicht in allen Landeskirchen ein gesetzlich verankertes Modell ist, ist es umso wichtiger, sich um eine kirchenkreisweite Anerkennung zu bemühen. Den Kindern sollte beim Abschluss des ersten Jahres eine entsprechende Urkunde über die Teilnahme an KU 3 ausgestellt werden, damit sie im Falle eines Umzuges auf ihren Wunsch vom ersten regulären KU-Jahr befreit werden können. Eine Reihe von Gemeinden dokumentiert in dieser Urkunde die *vorläufige Zulassung des jeweiligen Kindes zum Abendmahl.* Diese Regelung erscheint sinnvoll.
- Generell *begünstigen* folgende Faktoren die Einführung von KU 3: 1. wegen der zusätzlichen Arbeit ein günstiges Verhältnis von Pfarr- und Predigtstellen; 2. eine möglichst kleine Anzahl von Grundschulen im Einzugsgebiet der Gemeinde; 3. eine Diasporasituation, in der auch protestantischen Eltern der Kommunionkurs vertraut ist; 4. wegen des in der Regel regen Zuspruchs von Eltern und Kindern ein konstruktiver Umgang mit Konkurrenz im Kreis von unmittelbar oder mittelbar betroffenen Kolleginnen und Kollegen; 5. die Zusam-

menarbeit mit allen an der Arbeit mit Kindern und Jugendlichen beteiligten Personen.

1.5.2 KU 3 mit Eltern

Dieses Modell schließt sich in organisatorischer Hinsicht eng an den katholischen Kommunionkurs an: Eltern (zumeist Mütter) unterrichten wöchentlich Kleingruppen von ca. 5–7 Kindern entweder im eigenen Haus oder an einem Tisch im großen Saal des Gemeindehauses. Im letzteren Fall ist ein gemeinsamer Beginn (evtl. mit thematischer Einführung) und ein gemeinsamer Abschluss möglich. Bei diesem Modell ist Folgendes zu beachten:

- Eltern sollten nur für jeweils einen Jahrgang gewonnen werden. Dafür spricht zweierlei. 1. Je kürzer der Verpflichtungszeitraum, desto wahrscheinlicher ist es, dass sich Eltern ehrenamtlich an KU 3 beteiligen. 2. Die einjährige Tätigkeit vermeidet eine Professionalisierung unter den Mitarbeitenden, die u.U. andere interessierte Personen abschrecken könnte.
- Eltern lassen sich am ehesten durch Eltern zur Mitarbeit gewinnen. Deshalb empfiehlt es sich, im Rahmen eines Vorbereitungselternabends bereits mitarbeitende Eltern neue Eltern in Kleingruppen über ihre Tätigkeit informieren zu lassen. Beim ersten Durchgang sind natürlich die Hauptamtlichen in Sachen Werbung gefordert.
- Mitarbeitende Eltern haben ein Eigeninteresse in Bezug auf ihr Engagement: Sie erhoffen sich in der Regel eine Stärkung ihrer pädagogischen Kompetenz und ihrer religiösen Sprachfähigkeit. Beiden Interessen muss die Vorbereitung im Mitarbeiterkreis genügen.

1.5.3 KU 3 in Kooperation mit Grundschulen

Dieses Organisationsmodell nutzt den Religionsunterricht der Grundschulen, um möglichst flächendeckend die Kinder des jeweiligen Jahrgangs zu erreichen. Folgende Möglichkeiten bestehen:

- Eine Grundschule gestattet KU 3-Unterrichtenden für einen bestimmten Zeitraum (ca. 1 Monat) wöchentlich eine ihrer RU-Stunden zu nutzen, um die Kinder für KU 3 zu interessieren. Nach dieser Eingangsphase in der Schule haben die Kinder die Möglichkeit, sich von ihren Eltern zur Fortsetzung des KU 3 im Gemeindehaus anmelden zu lassen.
- Kontakte, die sich im Zusammenhang des so genannten „Kirchlichen Angebots (Evangelische Kontaktstunde, NRW)" ergeben, können für eine gemeindliche Fortführung im Sinne von KU 3 genutzt werden. Hierbei sind die Richtlinien zur Kontaktstunde zu beachten.
- *Achtung:* Dieses Modell erfordert eine Deckungsgleichheit von Gemeinde und Einzugsgebiet der (einen) Grundschule. Bei mehreren Grundschulen im Gemeindegebiet gerät dieses Modell schnell an seine Grenzen.

1.5.4 KU 3 als Aufgabe der Gemeinde

Dieses Modell organisiert KU 3 im Wesentlichen in Analogie zum regulären KU. Ein Team von Unterrichtenden oder eine Unterrichtende bzw. ein Unterrichtender sind zuständig für die wöchentliche Durchführung von KU 3 in der Gemeinde.

1.6 Zur Genehmigung durch die Landeskirchen

In manchen Landeskirchen muss das Modell KU 3 genehmigt werden. Entsprechende Informationen für das Genehmigungsverfahren können bei den Landeskirchenämtern bzw. Konsistorien abgefragt werden.

1.7 Wie groß sollte die KU 3-Gruppe sein?

Organisieren Sie KU 3 als „KU 3 mit Eltern" (s.o.), sind 20 Kinder das Minimum, damit ein arbeitsfähiges und sich selbst als Gruppe empfindendes Elternteam entstehen kann. In allen Organisationsformen mit einem bzw. einer Unterrichtenden sollte die Zahl von 20 nicht wesentlich überschritten werden.

1.8 Welche Themen und Inhalte kommen in Frage?

Grundsätzlich kommen für KU 3 alle Themen in Betracht, insofern sie sich konkret-operational, also auf die unmittelbare Anschauung bezogen, darstellen und erarbeiten lassen. Eine Reihe von Gemeinden nutzt KU 3 vor allem dazu, die Kinder mit ihrer Gemeinde vertraut zu machen. Deshalb stehen gemeindebezogene Themen wie „Kirche", „Gottesdienst", „Taufe", „Beten" oder „Abendmahl" im Vordergrund. Andere Gemeinden möchten die Kinder mit wichtigen biblischen Themen vertraut machen: Diese Gemeinden wählen dementsprechend zentrale biblische Geschichten oder Erzählzyklen aus.

1.9 Was ist bei Vorbereitung und Durchführung von Unterrichtseinheiten von KU 3 zu berücksichtigen?

Wir schlagen Ihnen vor, bei der Erarbeitung von Unterrichtseinheiten für KU 3 die nachfolgend dargestellten Schritte zu vollziehen. Sie sollen Ihnen dabei helfen, Ihre Unterrichtseinheiten möglichst anschaulich und handlungsorientiert zu planen:
- Klären Sie in einem ersten Schritt: Welche Ressourcen, welches Material, welche Fragen zum Thema der Einheit stellen Ihnen die Lerngruppe, die Gemeinde und die Bibel zur Verfügung? Halten Sie das Ergebnis Ihrer Überlegungen tabellarisch fest.
- Versuchen Sie angesichts dieser Bestandsaufnahme zu klären: Was können die Kinder in Ihrer Gemeinde in diesem Themenbereich anschaulich und handlungsorientiert lernen? Halten Sie Ihr Lehrziel in einem Satz fest.

11

- Prüfen Sie zugleich Folgendes: Stimmt Ihr Lehrziel mit dem von Ihnen vermuteten Interesse der Kinder an diesem Themenbereich überein? Falls nicht, wie können Sie eine größere Übereinstimmung herstellen?
- Überblicken Sie noch einmal das Material, mit dem Sie bei der Entfaltung dieses Themenbereichs arbeiten können. Versuchen Sie, es Ihrem Lehrziel entsprechend einem Lernprozess zuzuordnen, der folgende Lerndimensionen berücksichtigt: *Sprechen und Wissen:* Kenntnisse erwerben; *Handeln und Arbeiten:* Produkte erstellen; *Feiern und Veröffentlichen:* Gelerntes erleben oder bewähren in der Begegnung mit anderen Menschen.

KU 3 stellt Sie vor die Aufgabe, so anschaulich wie möglich zu arbeiten. Ihre Redeanteile sollten sich auf ein Minimum beschränken. Die Aktionsanteile der Kinder sollten so hoch wie möglich sein.

1.10 Wie kann KU 3 im Team mit Ehrenamtlichen vorbereitet werden?

Ehrenamtliche Mitarbeiterinnen und Mitarbeiter können die Planung mit ihren Ideen und Sichtweisen bereichern – aber nicht alleine leisten! Deshalb ist die Vorbereitung der Konfirmandenarbeit in der MitarbeiterInnengruppe für die PfarrerInnen und hauptamtlichen MitarbeiterInnen zusätzliche Arbeit.

Für die Planung sollte ein verbindliches Verfahren verabredet werden, in dem folgende Schritte berücksichtigt werden:
- *Feedback zur letzten KU 3-Stunde:* Machen Sie ein Feedback auf jeden Fall von Anfang an zur „Routine" in der Vorbereitung einer KU 3-Stunde. Sie schaffen damit einen Rahmen, in dem mit relativ wenig Kränkungen über eigene Unsicherheiten gesprochen werden kann. Etablieren Sie das Team im Rahmen des Feedbacks als Beratungsinstanz (nicht sich selbst!).
Mögliche Gliederung:
  - Was ist gut gelaufen? Was hat dazu geholfen?
  - Was hätte besser laufen können? Was hätte die Gruppe/die bzw. der Unterrichtende dazu gebraucht?
  - Was muss ich wissen, um weiter arbeiten zu können?
- *Klärung der Voreinstellungen zum Thema:* Was weiß ich noch über das Thema? Was will ich selbst noch erfahren? Was sind die Bezüge der Kinder zum Thema? Verständigung darüber, was sich die Kinder in einem bestimmten Themenbereich aneignen sollen. Dieser Schritt ist wichtig, muss aber zeitlich klar begrenzt sein.
- *Sammeln von Ideen zur Umsetzung:* Eigene Ideen zur Aufbereitung des Themas werden gesammelt. Dazu kommen veröffentlichte Materialien und Medien. Diese sind vorher von einer beauftragten Person gesichtet worden, die ein möglichst breites Angebot von Möglichkeiten vorstellt.
- *Einen schriftlichen Verlaufsplan erstellen:* Die Vorbereitung wird (in der Regel von den Pfarrerinnen und Pfarrern) mit einem schriftlichen Verlaufsplan abgeschlossen, der allen Beteiligten vor der Unterrichtsstunde vorliegt. In ihm ist die Aufgabenverteilung und die Zeitstruktur festgehalten.

1.11 Vernetzung mit der weiteren Gemeindearbeit

Das Konzept von KU 3 stellt Gemeinden vor die Aufgabe, mit der „Lücke" zwischen dem vorgezogenen Jahr (KU 3) und dem zweiten regulären Jahr (KU 8) umzugehen. Dabei ist Folgendes zu beachten:

- Viele Kinder haben auch nach dem Ablauf von KU 3 Lust daran, Angebote der Gemeinde mit Kindern und Jugendlichen anzunehmen. Allerdings gelingt es auch bei intensivstem Engagement keiner Gemeinde, die gesamte KU 3-Gruppe bis zum zweiten regulären KU-Jahr (KU 8) an Gemeindeangebote zu binden. Erreicht man ein Viertel der Gruppe, hat man sehr viel und sehr viele erreicht!
- Je ausgeprägter das *Jahrgangsbewusstsein* in einer KU 3-Gruppe ist, desto größer ist die Wahrscheinlichkeit, dass viele Kinder Angebote der Gemeinde wahrnehmen. Deshalb ist es sinnvoll, die Entwicklung eines solchen Jahrgangsbewusstseins durch Gruppennamen, Gruppenlogos, Gruppen-T-Shirts usw. zu unterstützen. Auch spezielle jahrgangsbezogene Angebote (Grillabend der Tiger, Fahrradtour der Eisbären ...) halten den Kontakt zwischen Kindern und Gemeindeangeboten.
- Der Übergang in weitere Angebote der Gemeinde fällt den Kindern leichter, wenn ihnen *eine Person aus dem KU 3-Team* in einem nachfolgenden Angebot wieder begegnet.
- Es ist hilfreich, einen attraktiv gestalteten *Katalog* für die Kinder bereit zu halten, der sie über die Angebote der Arbeit mit Kindern und Jugendlichen in Gemeinde und Kirchenkreis informiert. In der Schlussphase von KU 3 sollte es einen Termin geben, an dem sich die Kinder miteinander verabreden können, wer mit wem welches Angebot einmal ausprobieren möchte. Auch während KU 3 sollte Gelegenheit gegeben werden, in einige Angebote schon einmal hineinzuschnuppern (z.B. im Rahmen einer Gemeindeerkundung im Rahmen einer Einheit „Kirche und Gemeinde").
- Besondere Gottesdienste für KU 3-Kinder und ihre Eltern haben sich bewährt. Sie können eine Brücke zu den übrigen Gemeindegottesdiensten werden.
- Die konkreten Angebote von Gemeinden mit KU 3 bewegen sich in der Regel im Rahmen der üblichen Arbeit mit Kindern und Jugendlichen: Kinderbibelwoche, Kindergottesdienst, Jungschar, Freizeiten, Kinderchor, Sportgruppe, Pfadfinder usw.

1.12 Einige Problemanzeigen

Die Erfahrungen mit KU 3 zeigen durchgehend: Unterrichtende haben viel Arbeit; Kinder und Unterrichtende haben viel Spaß. Eltern unterstützen dieses Angebot. Wie jedes andere KU-Modell hat auch KU 3 mit einigen Schwierigkeiten zu kämpfen bzw. zu leben. Folgende sollen hier genannt werden:

- Die Hoffnung, dass man im zweiten regulären KU-Jahr (KU 8) an das im KU 3 Gelernte anknüpfen kann, hat sich nicht bestätigt. Was 8–9-jährigen Kindern einleuchtet, leuchtet 12–13-jährigen Teenagern nicht mehr ein. Sie müssen es für ihre neue Lebensphase neu lernen. KU 3 kann nicht an gelernte Inhalte anknüpfen, wohl aber an eine positive Erfahrung mit Gemeinde und Unterrichtenden. Das macht auch das inhaltliche Arbeiten im zweiten Jahr leichter.

- KU 3 kann nur im Paket mit KU 7 und KU 8 angeboten werden. Deshalb bedeutet KU 3 viel Arbeit für die Hauptamtlichen der Gemeinde. In einer Einzelpfarrstelle ohne weitere Hauptamtliche ist KU 3 nur dann zu realisieren, wenn die Gemeinde einen besonderen Schwerpunkt in der Arbeit mit Kindern und Jugendlichen setzt und Pfarrerin bzw. Pfarrer von anderen Aufgaben entlastet.
- Häufig kommt es zu thematischen Doppelungen zwischen KU 3, dem RU der Schulen und dem Kindergottesdienst. Absprachen müssen hier jedes Jahr neu gesucht bzw. versucht werden.
- KU 3 kann u.U. als Konkurrenz zu bestehenden Angeboten der Arbeit mit Kindern und Jugendlichen empfunden werden. Deshalb ist es gut, alle an der Arbeit mit Kindern beteiligten Personen von Anfang an mit in die Planungen von KU 3 einzubeziehen.
- KU 3 überfordert sich selbst mit dem Anspruch, eine fehlende religiöse Sozialisation der Familie zu ersetzen. Die immer schon geschehene und weitergehende „Predigt der Familie" hat größeren Einfluss auf die Kinder als jedes Angebot der Gemeinde. KU 3 kann deshalb Kindern nur (besonders) tragfähige Bausteine für ihre religiöse Behausung zur Verfügung stellen, das Haus aber nicht selbst bauen.
- Das zweite KU-Jahr (KU 8) ist zu kurz, um ausreichend Zeit zur Gruppenintegration und zur thematischen Arbeit zur Verfügung zu stellen. Deshalb ist es sinnvoll, das zweite KU-Jahr bereits mit dem Schuljahr 7/2 oder unmittelbar nach den Osterferien beginnen zu lassen.
- Bei der Einführung von KU 3 ist es immer hilfreich, das Modell als ein Experiment vorzustellen und einen Auswertungsprozess für alle Betroffenen (Kinder, Eltern, Unterrichtende, Mitarbeiter der Kinder- und Jugendarbeit, Presbyterium) von Anfang an einzuplanen. Dies entlastet alle Beteiligten vom Erfolgszwang!

1.13 Literatur und Unterrichtsmaterial

Neben den im Folgenden verzeichneten Materialien bieten RU-Schulbücher, Materialien für Kinderbibelwochen und Kindergottesdienstmaterialien viele gute Gestaltungsideen für KU 3.
- Zum Konzept von KU 3:
  - Reller, H., Grohmann, R., Lernen um zu lehren. Eltern geben Vorkonfirmandenunterricht, Gütersloh 1985.
  - Meyer-Blanck, M. (Hg.), Zwischenbilanz Hoyaer Modell. Erfahrungen – Impulse – Perspektiven, Hannover 1993
- Zur Unterrichtsgestaltung:
  - Meyer-Blanck, M., Kuhl, L., Konfirmandenunterricht mit 9–10-Jährigen, Planung und praktische Gestaltung, Göttingen 1994
  - Katechetisches Institut der ev.-ref. Landeskirche des Kantons Zürich (Hg.), Kinder leben Kirche. Handbuch für die Ausbildung und Unterrichtspraxis, Zürich 1990

2. Tippkiste „Einführung von KU 3"

2.1 *Konzeptentwicklung (ca. 1 Jahr vor Beginn)*

Konzeptentwicklung im Presbyterium durch einen oder mehrere der folgenden Schritte:
- Gemeinsames Lesen der Infos zu KU 3 (S. 7–14).
- Beratung im Rahmen eines Rüsttages oder einer Presbyteriumssitzung durch Mitarbeitende der Päd. Institute der Landeskirchen.
- Vorstellung eines konkreten Modells durch eine Gemeinde, die bereits mit KU 3 arbeitet.
- Entwicklung eines eigenen KU 3-Modells unter den jeweiligen örtlichen Bedingungen.
- Evtl. Antrag auf Genehmigung des Modells.

2.2 *Öffentlichkeitsarbeit*

2.2.1 Information an alle *Eltern (Mai)*
Anschreiben mit folgendem Inhalt:
- Wer macht
- was
- wann
- warum?
- Einladung zu einem Informationselternabend.

Zur Information durch einen Handzettel vgl. das Beispiel auf Seite 17-18.

2.2.2 Information an alle *Grundschulen (Mai)*
Anschreiben an die Leitungen und RU-Lehrenden bzw. (bei nur ein oder zwei Grundschulen im Einzugsgebiet) durch persönliche Kontaktaufnahme.
Inhalt der Information:
- Wer macht
- was
- wann
- warum?

Ziel der Kontaktaufnahme: Absprachen über:
- Themen
- Termine
- Werbung in der Schule
- evtl. weitere Kooperation.

2.2.3 Information an *alle weiteren Personen*, Gruppen, Institutionen, die mit dieser Altersgruppe in der Gemeinde zu tun haben (Juni):
- JugendreferentInnen sowie ehrenamtliche Mitarbeitende in der Arbeit mit Kindern (Möglichkeiten zur Weiterarbeit nach dem KU 3-Jahr andenken)

- Kindergottesdienstteam (Hinweis auf den aller Wahrscheinlichkeit nach steigenden Kindergottesdienstbesuch)
- KantorIn (Hinweis auf die günstige Gelegenheit, einen Kinderchor zu gründen bzw. zu vergrößern)
- etc.

2.2.4 Information an die *Gemeindeöffentlichkeit* durch einen Artikel im Gemeindebrief (kurz vor Beginn)

2.3 Mitarbeitergewinnung

Mitarbeitende für KU 3 können aus allen Bereichen der Gemeindearbeit kommen. Eine besondere Chance liegt in der Gewinnung von Eltern als Mitarbeitende. Am günstigsten ist es, wenn bereits mitarbeitende Eltern (bei Einführung des Modells: Eltern aus einer anderen Gemeinde mit KU 3) im Rahmen des Informationselternabends andere Eltern zu gewinnen suchen. Das klappt fast immer!

2.4 Weitere Tipps

- Sich nicht unter Erfolgsdruck setzen! Von Anfang an KU 3 als zeitlich begrenztes, von allen beteiligten Personen auszuwertendes und zu veränderndes Experiment beschreiben.
- Die mögliche Mitarbeit der Eltern von vornherein auf ein Jahr begrenzen. Das senkt die Hemmschwelle zur Mitarbeit.
- Weiterhin Öffentlichkeitsarbeit für KU 3 betreiben: in Lokalzeitungen auf besondere Aktionen etc. hinweisen.
- Wenn möglich, KU 3 mit der vorgezogenen Abendmahlszulassung beenden und beim KSV um kirchenkreisweite Anerkennung der Zulassung bitten.
- Auf Pfarrkonferenzen das Modell vorstellen.

2.5 Kontaktadresse

Für Nachfragen kontaktieren Sie bitte: Fachbereich KU / PI der EKvW / Postfach 5020 / 58225 Schwerte / Tel. 02304-755262 / Fax 02304-755247 / ku@ pi-villigst.de.

Kirche macht Spaß

Evangelische Kirchengemeinde
in ...

*Und so geht es
nach dem 3. Schuljahr weiter:*

Mit dem Ende des Schuljahres erhalten die Kinder eine Urkunde, die die Teilnahme am ersten Konfirmandenjahr bestätigt.

In der Zeit bis zum zweiten Unterrichtsjahr (etwa 8. Schuljahr) werden die Kinder zu freiwilligen Angeboten eingeladen (Kinderchor, Kinderbibeltage ...).

Mit 13 Jahren werden die Jugendlichen von den Kirchengemeinden angeschrieben. Sie melden sich für das letzte Jahr und die Konfirmation an.

Konfirmandenunterricht
im 3. Schuljahr

In Absprache mit den Grundschulen besuchen wir Pfarrerinnen und Pfarrer zu Beginn des dritten Schuljahres den Religionsunterricht. In den nächsten Wochen erhalten Sie dann von uns eine Einladung zu einem Informations- und Anmeldeabend für den Konfirmandenunterricht im 3. Schuljahr. Dieser findet dann von Oktober bis zu den Sommerferien eine Stunde wöchentlich im Gemeindehaus unserer Kirchengemeinde statt.

Ihr Pfarrer   Ihre Pfarrerin

Das betrifft Ihr Kind!

So war es bisher:

Liebe Eltern,

zusammen mit Ihrem Kind leben Sie im Gebiet unserer evangelischen Kirchengemeinde in ...

Bis vor wenigen Jahren wurde an unserer Kirche Konfirmandenunterricht in der traditionellen Form erteilt.

Im Alter von 12–14 Jahren besuchten die Jugendlichen zwei Jahre lang den Unterricht.

Seit einiger Zeit machen wir gute Erfahrungen mit unserem neuen Modell:

Die Kinder werden im dritten Schuljahr ein Jahr lang unterrichtet und kommen dann nach einer Pause noch einmal für das letzte Jahr (im Alter von 13–14 Jahren).

Warum Konfirmandenunterricht im dritten Schuljahr?

Viele Jugendliche wachsen heute ohne Beziehungen zu ihrer Kirchengemeinde auf. Es ist gerade für Teenager nicht einfach, dann ein positives Verhältnis zu Kirche und Glauben aufzubauen, zumal sie im Alter der Pubertät andere Themen im Kopf haben.

8–9-jährige Kinder sind biblischen Erzählungen gegenüber aufgeschlossen. Sie haben viele religiöse Fragen und dementsprechend ein großes Gesprächsbedürfnis. Deshalb kann in diesem Alter eine positive Beziehung zu Kirche und Glauben entstehen.

Das bieten wir als Kirchengemeinde:

Gruppenstunden, die die religiösen Bedürfnisse der Kinder ernst nehmen und spielerisch entfalten.

Lebendige Gottesdienste für Kinder und Eltern, sonntags um 11 Uhr.

Gesprächsgruppen für Erwachsene im Kindergottesdienst. Denn auch Eltern bleiben Lernende, besonders wenn Kinder Fragen stellen.

Elternabende zu Lebens- und Glaubensfragen sowie begleitend zu den Themen des Unterrichts.

KoKids 2002

Ich bin dabei

Vorname

_____

Name

_____

Straße, Hausnummer

_____

Telefon

_____

Geboren am

_____

Geboren in

_____

Getauft am

_____

Getauft in

_____

Name der Eltern/Erziehungsberechtigten

_____

_____

Schule

_____

Klassenlehrer/in

_____

Ich möchte in eine Gruppe mit

_____

_____, den _____

_____   _____
Unterschrift KoKid   Unterschrift Erziehungsberechtigter

KoKids 2002
Urkunde

_____

Name

Du hast regelmäßig und mit viel Freude bei den

KoKids 2002

mitgemacht.

Damit hast du erfolgreich am ersten Jahr
des Kirchlichen Unterrichts teilgenommen
und bist zum Abendmahl
in unserer Gemeinde eingeladen,
ebenso wie zum Kindergottesdienst
jeden Sonntag um 11 Uhr.
Dein zweites Unterrichtsjahr
beginnt im Jahr 2006.

Evangelische Kirchengemeinde
...

Siegel der
Gemeinde

_____

Unterschrift Pfarrer/Pfarrerin

Anmeldung zum KU 3
(Kirchlicher Unterricht zum 3. Schuljahr)

Tochter/Sohn

Familienname _____

Vorname _____

geboren am ... in ... _____

Getauft am ... in ... _____

Schule _____

Vater

Familienname _____

Vorname _____

Beruf _____

Religionszugehörigkeit _____

Wohnort, Str., Nr., Tel. _____

Mutter

Familienname _____

Vorname _____

Beruf _____

Religionszugehörigkeit _____

Wohnort, Str., Nr., Tel. _____

Die Kinder erhalten am Ende des KU 3 eine Urkunde, die sie berechtigt, direkt in das 2. Unterrichtsjahr des Konfirmandenunterrichts (parallel zum 8. Schuljahr) einzusteigen. Die Konfirmation findet im Alter von 14 Jahren statt.

_____   _____
Ort und Datum   Unterschrift der Eltern

Urkunde
über die Teilnahme
an KU 3

Name

hat im gesamten Schuljahr _____
am kirchlichen Konfirmandenunterricht
der evangelischen Kirchengemeinde

teilgenommen.

Siegel der
Gemeinde

Unterschrift Pfarrer/Pfarrerin

B Jahrgangspläne

Wie können Sie KU 3 in Ihrer Gemeinde organisieren und durchführen? Die folgenden vier Jahrespläne stellen Ihnen unterschiedliche Möglichkeiten vor.

1. KU 3 in Bottrop-Eigen

Werbung: Anhand der Alterslisten werden alle Kinder des entsprechenden Jahrgangs angeschrieben. Die Eltern werden gleichzeitig zu einem Info-Abend eingeladen. Ob wir, wie im ersten Jahr, zukünftig auch wieder vor den Sommerferien die Klassen besuchen sollen, wird diskutiert. (Auf vier Grundschulen, die z.T. dreizügig sind, verteilen sich ca. 40 Kinder.)

Organisationsform: Die KoKids werden am Ende der Sommerferien mit ihren Familien zu einem Begrüßungsgottesdienst eingeladen. Danach treffen sie sich dann wöchentlich jeweils für eine Stunde. Nach der Einstiegsphase im Plenum geht es in drei Teilgruppen, die die Mitarbeiter unter Berücksichtigung von Kinderwünschen vor Beginn des KU 3 gebildet haben. Zum Schluss treffen sich alle wieder im Plenum.
Anfangs- und Endrituale sind uns wichtig. So wird im Einstiegsplenum zunächst die KoKids-Kerze entzündet, die auf unserem Tisch in der Mitte des Stuhlkreises steht. Wir gratulieren den Geburtstagskindern, die sich ein Lied wünschen dürfen. Am Ende schließen wir die Stunde mit einer Rakete.
Die KoKids-Arbeit wird von einem Team, bestehend aus einer Sozialpädagogin, einem Pfarrer, einer Pfarrerin und zwei Ehrenamtlichen getragen. Bei einzelnen Aktionen unterstützen uns Eltern.
Konstitutiv ist auch der Kindergottesdienst, der sonntags im Anschluss an den 10-Uhr-Gottesdienst stattfindet. Die Beteiligung der KoKids ist sehr hoch.
Über das Jahr verteilt bieten wir mehrere Ausflüge an (1–2 Tagesausflüge, 1–2 Ausflüge am Nachmittag).

Unser Jahresplan: Zum einen orientiert er sich an den Festen des Kirchenjahres, aber auch am Jahresablauf, wie wir ihn in der Natur erleben (z.B. Schöpfung als Thema im Frühjahr, VomTraurigsein und Getröstetwerden im November ...). Zum anderen ist es uns wichtig, biblische Geschichten in einem größeren Erzählzusammenhang darzustellen, d.h. biblische Erzählbögen anzubieten. Auch die Sakramente „Taufe und Abendmahl" beschäftigen uns in je einer Einheit. Daneben bleibt uns auch Zeit für Spiel- und Spaßnachmittage.

KoKids-Jahresplanung 1999/2000

1. Einheit: Wir lernen uns und die Gemeinde kennen (3 Std.)
1. Std.: Gruppenbildung – Gruppenfotos – Kennenlernspiele in den Kleingruppen
2. Std.: Schatzsuche auf dem Gemeindegelände
3. Std.: Der Regenbogenfisch – wir bereiten den „Begrüßungsgottesdienst" vor

Sonntag: Begrüßungsgottesdienst – Familiengottesdienst mit anschließendem Kaffee- und Safttrinken im Gemeindehaus

2. Einheit: Biblischer Erzählzyklus: Von Abraham ... (3 Std.)
1. Std.: Von Sara und Abraham
2. Std.: Von Isaak und Rebekka nebst Jakob und Esau
3. Std.: Die Versöhnung

3. Einheit: Staffelolympiade (1 Std.)
Sackhüpfen – Eierlaufen – Hula-Hoop – Streichholzpyramide – Keks-Staffel und viele andere Staffelspiele

Familiengottesdienst zum Erntedankfest

Herbstferien

4. Einheit: Vom Teilen und Schenken (3 Std.)
1. Std.: Das Scherflein der Witwe. Anspiel im Plenum unter Einbeziehung der Kinder. In der Kleingruppe vertiefen wir durch Gespräch und „Durchrubbeln" von Münzen.
2. Std.: Die Speisung der 5000. Erzählung im Plenum mit dem Spiellied „Der kleine Jonathan". In den Kleingruppen basteln wir Gebetswürfel.
3. Std.: Die Geschichte von Martin. Wir erinnern an Sankt Martin. In der Kirche singen wir Martins- und Laternenlieder. Wir schauen Dias zum Bilderbuch: K. Boie, J. Bauer, Juli tut Gutes.

5. Einheit: Vom Traurigsein und Getröstetwerden (2 Std. und Elternnachmittag)
1. Std.: Liturgischer Einstieg im Plenum mit Lied und Psalm. In den Kleingruppen hören wir eine Geschichte. Daran schließt sich ein gelenktes Gespräch über eigene Erfahrungen der Kinder an.
2. Std.: Zu Besuch auf dem Friedhof. An diesem Nachmittag benötigen wir mehr Zeit. Wir gehen in Kleingruppen, kaufen Blumen und besuchen Gräber von Verwandten und Bekannten. Wir erinnern uns an diese Menschen. Wir schmücken die Gräber mit unseren Blumen.
Anschließend treffen wir uns alle in der OT mit den Eltern und Geschwistern. Wir trinken Kakao und hören die Geschichte von „Jockel Kreuzmaler". Wir schließen mit einem Lied.

Elternabend

6. Einheit: Wir freuen uns auf Weihnachten (3 Std.)
1. Std.: Liturgischer Einstieg im Plenum. In den Kleingruppen backen wir Kekse und lesen den Anfang der Weihnachtsgeschichte (I. Weth, Fürchtet euch nicht, Erster Advent). Beim Backen helfen uns einige Mütter.
2. Std.: Wir basteln ein Weihnachtsleporello für die Kirche und Schmuck für den Weihnachtsbaum in der Kirche. Wir lesen zum 2. Advent.
3. Std.: Wir schmücken den Weihnachtsbaum in der Kirche.

Weihnachtsferien

7. Einheit: Spiele zu Beginn des Neuen Jahres (1 Std.)
Viele Spiele im Plenum.

8. Einheit: Biblischer Erzählzyklus: Der Auszug aus Ägypten (4 Std.)
1. Std.: Die Kindheit des Mose – Anspiel im Plenum. In den Kleingruppen basteln wir aus Walnusshälften, Stockmarwachs und Zauberwolle Mose in seinem Körbchen.
2. Std.: Die Flucht und die Begegnung mit Gott am brennenden Dornbusch – Schattenspiel im Plenum. In den Kleingruppen malen wir ein Bild.
3. Std.: Mose vor dem Pharao – Israels Auszug. Nachspielen der Geschichte mit den Kindern (Sprechchor, vgl. Ev.KK 1/96) im Plenum. In den Kleingruppen bereiten wir Charosset zu.
4. Std.: In der Wüste – Nacherzählung anhand von Folienbildern im Plenum. In den Kleingruppen malen wir Traumbilder.

9. Einheit: Damals in Nazaret (3 Std.)
1. Std.: Wie wir heute leben – wie Menschen damals lebten.
2. Std.: Workshops zum Thema
3. Std.: Workshops zum Thema

Ausflug ins Biblische Museum nach Nimwegen

10. Einheit: Taufe – Gott kennt dich mit Namen
4 Treffen in Familiengruppen

Ausflug in den Burgers' Zoo – Arnheim / Holland

11. Einheit: Das Kirchenjahr: Die Passionszeit – Jesus in Jerusalem (2 Std.)
1. Std.: Hörspiel, 1. Teil, im Plenum.
2. Std.: Hörspiel, 2. Teil. Wir gestalten Kreuze (Holz, Ton, Salzteig).

Osterferien

12. Einheit: Alle um einen Tisch – vom Abendmahl (3 Std.)
(In der Eigener Gemeinde feiern wir kinderoffenes Abendmahl.)
1. Std.: Liturgischer Einstieg im Plenum. Kleingruppe: Einstieg mit Kees de Kort-Bild: Jesus feiert Abendmahl: Wie alles angefangen hat. Gespräch über Kindererfahrungen mit dem Abendmahl. Verabredung für das nächste Mal: Jeder bringt etwas zu essen mit.
2. Std.: Liturgischer Einstieg im Plenum. In den Kleingruppen decken wir gemeinsam den Tisch und teilen das mitgebrachte Essen. Gegebenenfalls betrachten wir das Abendmahlsbild aus Selbitz.
3. Std.: Wir feiern einen Abendmahlsgottesdienst. Dazu sind auch die Eltern eingeladen. Im Anschluss an den Gottesdienst gibt es Kaffee und Saft.

Elternabend mit Feed-back und Ausblick auf den Abschluss

13. Einheit: Vorbereitung des Abschlussgottesdienstes: Du hast uns deine Welt geschenkt – von Gottes guter Schöpfung
1. Std.: Plenum: Wir üben den Bändertanz zum Kanon: Vom Aufgang der Sonne. Kleingruppen: Wir lesen die biblische Schöpfungsgeschichte (Neukirchener Kinderbibel). Dazu malen wir Bilder.
2. Std.: Plenum s.o. Kleingruppen: Wir bemalen Tontöpfchen und säen Kresse.
3. Std.: Ausflug zum Heidhof. Dort besuchen wir das „Waldmuseum". Anschließend Picknick auf dem Spielplatz.

Familiengottesdienst mit Überreichen der Urkunden und anschließendem Kaffee- und Safttrinken im Gemeindehaus.

2. KU 3 in Münster-Hiltrup

Die jetzige Struktur unseres KU 3 entwickelte sich aus dem Hiltruper Modell des KU 7: Eltern, meist ein oder zwei Mütter, unterrichten als Hauskreisleiterinnen 5–6 Kinder wöchentlich im eigenen Haus (= Hauskreis). Diese Hauskreisleiter werden in monatlichen Vorbereitungsabenden für ihre Aufgabe geschult und erhalten so den Anstoß, sich selbst noch einmal intensiv mit ihrem eigenen Glauben auseinander zu setzen.
In der Einführungsphase unseres KU 3 (1997–2000) konnten die Eltern zwischen KU 3 und KU 7 wählen. Nachdem 2000 schließlich alle in Frage kommenden Kinder am KU 3 teilnahmen, bieten wir ab 2001 diese Wahlmöglichkeit nicht mehr an; d.h. alle Kinder haben im dritten Schuljahr ihr erstes Konfirmandenunterrichtsjahr. (Später zugezogene Kinder erhalten selbstverständlich im 7. Schuljahr Unterricht.) Diese Vorgehensweise hat sich bei uns bewährt. So konnte der KU 3 gut als ein Versuch in die Gemeinde eingeführt werden – für einen

Versuch und die damit verbundene Wahlmöglichkeit waren das Presbyterium und die Gemeinde sehr viel eher zu gewinnen als für eine neue Struktur, mit der man noch keine Erfahrung hat.

Neben den wöchentlichen *Hauskreisstunden*, die parallel zum dritten Schuljahr am Nachmittag stattfinden, treffen sich alle Kinder gemeinsam an einem Wochenende im Januar zu einer *Erzählnacht* (die Kinder übernachten in der Kirche und beschäftigen sich den Abend und Vormittag mit einem biblischen Thema). Der *Besuch der Synagoge* und der *Ausflug* ins Heilig Land Museum in Nimwegen (Abschlussfahrt) wird mit allen Hauskreisgruppen gemeinsam gestaltet, wobei an der kindgemäßen Synagogen-Führung auch die Eltern (und Großeltern) der Kinder zu einem hohen Prozentsatz teilnehmen.

Die Kinder besuchen den speziell für Grundschulkinder gestalteten *Kinder-Eltern-Gottesdienst*, der einmal im Monat stattfindet und in dem auch Beginn und Ende der Hauskreiszeit gefeiert werden. An den restlichen Sonntagen sollten die Kinder am *Kindergottesdienst* teilnehmen.

Unserem Jahresplan liegen folgende *Ziele* zugrunde:
– *Christus* kennen lernen (im Mittelpunkt stehen Erzählungen aus dem NT)
– *Christliche Praxis und Gemeinschaft* einüben
– *Wurzeln des Christentums* kennen lernen.

Daraus ergibt sich, dass wir unsere Inhalte nicht am Kirchenjahr orientieren. Allerdings behandeln wir *Passion und Ostern* als Zentrum unseres Glaubens recht ausführlich um die Osterferien herum. Alttestamentliche Erzählungen treten in den Hintergrund. Sie werden vornehmlich in den Grundschulen und öfters auch im Kindergottesdienst behandelt – wir versuchen, eine Doppelung soweit wie möglich zu vermeiden.

Das *Lernen des Betens* ist eingebettet in die Erzählungen von Christus: Kennenlernen, Vertrauen und Kommunizieren sind so ein sich gegenseitig bedingender Kreislauf. Auch durch die vertraute Atmosphäre in den Hauskreisen ist das Einüben in die christliche Praxis gut möglich. Durch die Kindergottesdienste, die Erzählnacht in der Kirche und die Kinderbibelwoche in den Herbstferien versuchen wir, den Kindern die *Kirche vor Ort* und die *Gemeinde als Gemeinschaft von Christen* bekannt und vertraut zu machen. Wir wollen erreichen, dass sie sich in ihrer Gemeinde auskennen und wohl fühlen, vertraut werden mit den kirchlichen Gegenständen und auch einige Menschen der Gemeinde kennen lernen.

Unsere Gemeinde hat enge Kontakte zur *jüdischen Kultusgemeinde* in Münster. Wir besuchen die Synagoge, um den Kindern die Wurzeln des christlichen Glaubens deutlich erfahrbar werden zu lassen.
Zum Abschluss der KU 3-Zeit fahren wir ins Heilig Land Museum in Nimwegen (Freilichtmuseum in den Niederlanden). Somit wird den Kindern der Kulturkreis bewusster, in dem Jesus damals lebte, und sie können die neutestamentlichen Erzählungen besser verstehen.

Da wir eine Diaspora-Gemeinde sind, haben alle Kinder viel Kontakt zu katholischen Kindern, die im 3. Schuljahr ihre Erstkommunion feiern. Deshalb legen wir Wert auf eine Unterrichtseinheit *Ökumene*, damit die Kinder Verständnis für die Gemeinsamkeiten beider Kirchen bekommen. Wir machen auch die Erfahrung, dass viele katholische Bräuche den Kindern einfach unverständlich sind. Wir hoffen, durch Information den Boden für eine gute gleichberechtigte ökumenische Praxis zu legen.

Die *Taufe* steht beim Abschlussgottesdienst im Mittelpunkt. Oft nutzen Eltern diese Gelegenheit, ihr nicht getauftes KU 3-Kind in diesem Gottesdienst taufen zu lassen. Unser Ziel ist die Zulassung zum *Abendmahl* mit Ende des KU 3-Kurses. Dafür ist in der Gemeinde jedoch teilweise noch ein Umdenken nötig.

Inhalte unseres KU 3-Kurses in Hauskreisen

1. Einheit: Unsere Kirche – unsere Gemeinde
1. Unser Hauskreis als Teil der Kirchengemeinde
2. Unsere Kirche
3. In unserer Gemeinde sind viele Menschen aktiv (Diakonie)
4. Jesus heilt Kranke
5. Alle wurden satt

2. Einheit: Evangelisch, katholisch, ökumenisch
1. Martin Luthers Entdeckung: Vor Gott brauche ich keine Angst zu haben
2. Martin Luther Erzählung, 2. Teil
3. Was ist evangelisch, was ist katholisch?

3. Einheit: Gott ist unser Freund
1. Die Geschichte vom verirrten Schaf
2. Die Geschichte vom verlorenen Sohn
3. Gott begleitet mich
4. Vaterunser
5. Mit welchen Begriffen kann ich von Gott erzählen?

4. Einheit: Gott vertrauen und zu ihm beten – Daniel
1. Ein Leben im Vertrauen auf Gott
2. Wie geht es mit Daniel weiter – Feuer und Löwen

5. Einheit: Judentum
1. Jesus lebte in Israel und war Jude
2. Besuch der Synagoge in Münster (gemeinsamer Ausflug aller Gruppen)
3. Die Synagoge

6. Einheit: Beten
1. Wie kann ich beten, 1. Teil
2. Wie kann ich beten, 2. Teil

7. Einheit: Jesus muss sterben
1. Einzug in Jerusalem
2. Passahmahl
3. Verleugnung des Petrus
4. Verurteilung, Kreuzigung, Begräbnis
5. Osterbasteln oder Tod und Trauer (Bilderbuch: Pele und das neue Leben),
   Besuch des evangelischen Friedhofs

8. Einheit: Jesus lebt
1. Jesus geht mit den Jüngern
2. Nicht sehen und doch glauben

9. Einheit: Taufe und Vorbereitung auf den Abschluss des Hauskreisjahres
1. Taufe mit Wasser
2. Die eigene Taufe
3. Einladungen zum Abschlussgottesdienst gestalten
4. Abschluss und Ausblick

3. KU 3 in Lippstadt-Süd

3.1 Überblick: Unser 4-Phasen-Modell für den Kirchlichen Unterricht:

1. Phase	2. Phase	3. Phase	4. Phase
Mit Beginn des 3. Schuljahrs zwei Monate in der Grundschule: Die PfarrerInnen besuchen die 3. Klassen im Religionsunterricht.	Bis zum Ende des 3. Schuljahres in der Kirche: Die Gruppen treffen sich einmal pro Woche in der Kirche. – Taufen – Zulassung zum Abendmahl – Gebet	Einladung zur Teilnahme am Gemeindeleben. Angebote: – Kinder- und Elterngottesdienst – Kindergruppen – Kinderchor. Gezielte Aktionen: – Kinderbibeltag – Weihnachtsspiel – Fahrten	Ein Jahr Konfirmandenunterricht (mit 13–14 Jahren). Wie bisher endet der Unterricht mit der *Konfirmation.*
Elternarbeit: Elternabend, Mitarbeit bei Aktionen jeden Sonntag: Elterngesprächsgruppe im Eltern- und Kindergottesdienst			

3.2 Die Rahmenbedingungen für den KU 3

Zusammenarbeit mit den Schulen: Die Grundschulen ermöglichen es uns, in der Einstiegsphase Kontakt zu den Kindern zu knüpfen, sie für den KU 3 zu gewinnen und darauf einzustimmen. Diese einführenden Stunden werden z.T. mit den ReligionslehrerInnen gemeinsam geplant und gestaltet. Die LehrerInnen werden zu den Tauf- und Abendmahlsgottesdiensten eingeladen und teilen das Abendmahl mit aus. Die Grenzen unseres Pfarrbezirks decken sich mit den Einzugsbereichen der drei Grundschulen vor Ort. So werden in der 1. Phase alle Kinder des Jahrganges angesprochen. Außerdem erreichen wir auch die Kinder und ihre Familien, die noch nicht getauft oder noch nicht Kirchenmitglied sind.

Verknüpfung mit dem Kinder- und Elterngottesdienst: Das KU 3-Jahr schließt den Besuch des Kindergottesdienstes mit ein. Im Kindergottesdienst wird während der Gruppenphase auch eine Gesprächsgruppe für Erwachsene angeboten. Der Gottesdienst wird mitgestaltet von einem tragfähigen Kigo-Team jugendlicher MitarbeiterInnen (14–18 Jahre alt). Das ist wichtig, da durch den KU 3 die Zahl der Kindergottesdienstkinder gestiegen ist (ca. 40). Dieser Gottesdienst hat einen hohen Stellenwert in unserem Bezirk. Er trägt unserem Gemeindeaufbaukonzept Rechnung, das auf der Arbeit mit Kindern und Eltern aufbaut. Aus diesem Grund und weil die Elterngruppe theologisch kompetent geleitet werden muss, sind nach Möglichkeit zwei PfarrerInnen anwesend.

Zeit, Ort, MitarbeiterInnen, besondere Aktionen: Der Unterricht findet einmal wöchentlich nachmittags in der Kirche oder im Gemeindehaus für eine Stunde statt. Die Kinder werden von den Pfarrerinnen unterrichtet. An einer Gruppe nehmen höchstens 20 Kinder teil. Pro Jahrgang laufen 2–4 KU 3-Gruppen. Höhepunkt des KU 3 ist die Erzählnacht in der Kirche. Dabei, sowie bei eventuellen weiteren Projekten (Vorbereitung eines Theaterstücks für das Gemeindefest o.Ä.) ist das Kigo-Team beteiligt. Pro Jahr finden drei Elternabende statt (Einführung in das Modell, Taufe, Abendmahl).

3.3 Ein Jahrgangsplan

1. Einheit: (in der Schule) *Wir lernen unsere Kirchengemeinde kennen*
- Die Pfarrerin stellt sich vor (Koffer auspacken).
- Kirche ist ... (Brainstorming).
- Die Kirche ist ein Gebäude (Puzzle der Johanneskirche).
- Die Kirche ist ein Haus für Gott (Fantasiereise in die Kirche: in der Stille Gott begegnen).
- Die Kirche ist ein Haus für viele Menschen (unsere Gemeindegruppen).

2. Einheit: (in der Schule) *Unser erster gemeinsamer Gottesdienst*
- So feiern wir Kindergottesdienst (Ablauf).
- Vorbereitung eines Familiengottesdienstes, in dem die Kinder der Gemeinde vorgestellt werden (2 Stunden Vorbereitung)

Ab jetzt beginnt der Unterricht in der Kirche. In jeder Stunde gibt es eine meditative Phase, Lied und Gebet.

Einheit 3: Wir erleben die Kirche als Raum
- Mein Lieblingsplatz in der Kirche (Kirchen-Rallye).
- Bemalen der Kirchentaschen (Stofftaschen mit Motiv unserer Kirche).

Einheit 4: Wir bereiten den Taufgottesdienst vor
- Jesus und die Kinder (Mk 10,13-16: Wir gestalten ein Comic).
- Wir „spielen" Taufe (beteiligte Personen, was muss vorbereitet werden, wie läuft der Gottesdienst ab?).
- Wasser ist Leben (Fantasiereise zum erfrischenden Wasser, Bedeutung des Wassers bei der Taufe).
- Taufe: Wir gehören zur großen Familie Gottes (Taufe weltweit).
- Gestaltung des Gottesdienstes (Taufkerzen, Schmücken der Kirche, Gebete, wer wird Taufhelfer?).

Einheit 5: Wir bereiten unser erstes Abendmahl vor
- Erinnerung an Jesus (das Abendmahl am Gründonnerstag).
- Miteinander teilen (fünf Brote und zwei Fische).
- Schuld vergeben (der verlorene Sohn).
- Miteinander ein Fest feiern (Einladungen gestalten, Brot backen, Gebete aussuchen, Prozession zum Einzug der Gaben einüben).

Einheit 6: Wie wir beten können
- Übungen zum freien Gebet („Sonne, Stein und Wolke", s. Eingangsrituale).
- Mein erstes eigenes Gebet.
- Psalm 23 als Schriftrolle gestalten.

Einheit 7: Jesusgeschichten
- Jesus beruft seine Jünger (Rollenspiel mit Verkleidung).
- Jesus beruft uns (Fischzug des Petrus, Gruppenbild gestalten: Fische im Netz, pro Kind ein Fisch mit Autogramm des Kindes).
- Pfingsten: So entstand die Kirche.
- Fußwaschung (auch praktisch!).

3.4   Das Leitprinzip

Das Jahr im KU 3 ist vor allem Tauf- und Abendmahlsunterricht. Dazu kommen Übungen zum freien Gebet sowie ausgewählte Jesusgeschichten. Bis zu 20 % der Kinder sind nicht getauft, deshalb starten wir mit diesem Thema. Gegen Ende des Unterrichtes werden alle mit dem 1. Abendmahlsgottesdienst zum Abendmahl in der Evangelischen Kirchengemeinde Lippstadt (also nicht nur in diesem Bezirk) zugelassen.

Der Unterricht ist deutlich auf das Gemeindeleben bezogen: auf die Sakramente, auf Gottesdienste, Projekte und Feste. Die Kinder erleben es, in der Gemeinde aufgenommen zu werden/sein, gestalten das Gemeindeleben mit und entdecken den christlichen Glauben in konkreten Auswirkungen auf das Leben einer Gemeinschaft. Eines der Lieblingslieder im KU 3 ist bezeichnenderweise: „Wir sind die Kleinen in den Gemeinden. Doch ohne uns geht gar nichts, ohne uns läuft alles schief!"

4. KU 3 in Gladbeck-Zweckel

4.1 Rahmenbedingungen für den KU 3

Unser Bestreben ist es, alle Kinder, die den evangelischen Religionsunterricht im 3. Schuljahr besuchen, für das KU 3-Jahr zu gewinnen. Zu diesem Zweck stellen wir uns gegen Ende des 2. Schuljahres in einer Religionsstunde den betreffenden Grundschulen vor und gestalten eine Unterrichtsstunde, in der wir singen, über KU 3 erzählen und den Kindern Gelegenheit geben, uns zu befragen. Auf diese Weise erreichen wir auch diejenigen, die noch nicht getauft sind oder deren Eltern nicht der Evangelischen Kirche angehören. Die Eltern der Kinder werden mit einem Anschreiben zu einem Elternabend eingeladen, bei dem sie ihre Kinder anmelden können. Wir haben den Eindruck, dass wir eher mehr Kinder erreichen als bei einem traditionellen KU 7-Jahrgang.
Kontakt zu den Grundschulen nehmen wir noch einmal gegen Ende des 4. Schuljahres auf, bevor also die Kinder in insgesamt 9 verschiedene Schulen auseinander gehen. Auch dort gestalten wir eine Religionsstunde und wünschen den Kindern Gottes Segen für die weitere Schullaufbahn.
Der Unterricht beginnt nach den Sommerferien mit der Gruppeneinteilung (möglichst nicht mehr als 15 Kinder in einer Gruppe). Die Eltern werden mit DM 10,– an den Kosten beteiligt. Die Kinder erhalten dafür einen Schnellhefter, Arbeitsblätter und das Liederheft „Menschenkinderlieder" (Beratungsstelle für Gestaltung von Gottesdiensten und anderen Gemeindeveranstaltungen, Frankfurt 1989).

Die Kinder haben wöchentlich eine Stunde (= 45–55 Minuten) Unterricht, der von Pfarrer oder Pfarrerin geleitet wird. Zwei konfirmierte Jugendliche sind dabei und leiten gegebenenfalls Kleingruppen. Häufig sind sie wichtige Identifikationsfiguren für die Kinder.
Die Unterrichtsstunden beginnen mit einem Lied und enden mit einem Gebet (Vaterunser, Glaubensbekenntnis oder selbst formuliert).
Die Anwesenheit wird kontrolliert, nach dem Gottesdienstbesuch wird ebenfalls gefragt. Die Kinder sollen zweimal im Monat einen Gottesdienst besuchen: Kindergottesdienst ist um 11 Uhr, am letzten Sonntag im Monat ist Familiengottesdienst (10.30 Uhr), der gelegentlich von den so genannten Kleinen KatechumenInnen mitgestaltet wird.

Im Laufe des KU 3-Jahres orientieren wir uns immer wieder am Kirchenjahr. Der KU 3 korrespondiert deshalb verschiedentlich mit den Themen der Kinder- oder Familiengottesdienste. Auch der Kirchenraum verändert sich mit dem Kirchenjahr. Die Liedauswahl folgt natürlich ebenfalls den Festen oder Zeiten des Kirchenjahres.

Ein weiterer Schwerpunkt sind die Sakramente (Gnadenmittel, die sinnlich erfahrbar sind). Wegen der besonderen Verantwortung der Eltern auch für die religiöse Erziehung der Kinder übertragen wir ihnen die Unterrichtseinheit „Taufe". Die intensive wöchentliche Vorbereitung ist für alle Beteiligten von Gewinn. Der Schwerpunkt der Vorbereitung auf das Abendmahl liegt bei einem gemeinsamen Nachmittag mit anschließender Übernachtung. Auch daran sind Eltern und natürlich die ehrenamtlichen Jugendlichen beteiligt. Die Kinder sind anschließend in unserer Gemeinde zum Abendmahl zugelassen und eingeladen und bekommen dies zusammen mit der Bescheinigung über die Teilnahme am KU 3-Jahr auch schriftlich.

Natürlich sollen die Kinder auch viel von ihrer Gemeinde kennen lernen: Personen, Räumlichkeiten ... Dies geschieht nicht nur in den Gottesdiensten; denn es gibt auch andere Möglichkeiten der Beteiligung: Kinderbibelwoche in den Herbstferien, Mitwirkung beim Weihnachtsspiel in der Familienchristvesper am Heiligen Abend, Kinder- oder Familienfreizeit in den Sommerferien ... Auch der Besuch des Kinder- oder Jugendheimes steht ihnen offen. Spannend ist es auch, eine Unterrichtsstunde z.B. im Altenkreis abzuhalten.

Fazit: Ein KU 3-Jahr ist auch ein Jahr in unserer Kirchengemeinde.

4.2 Ein Jahrgangsplan

Zwischen Sommer- und Herbstferien

Wir teilen die Gruppen ein und lernen uns in den Gruppen kennen. Wir üben uns ein in die Ordnung des Kindergottesdienstes und machen eine Rallye durch das Gemeindezentrum und durch die Kirche. Dazu gehört, dass wir den Kirchturm besteigen und versuchen, die Glocken mit der Hand zu läuten. In dieser Zeit werden die Kinder fotografiert; die Bilder werden an einer Kirchenwand angebracht, die Namen der Kinder auf ihre Bedeutung hin untersucht.

Oktober/November

Schwerpunkt in dieser dunklen Jahreszeit ist das Thema „Sterben und Tod". Dazu gehört ein Besuch auf dem Friedhof mit Besichtigung der Trauerhalle (unter fachkundiger Führung) und verschiedener Gräberfelder.

Dezember bis Mitte Januar

Wir hören die Geschichten von Advent und Weihnachten (von der Ankündigung der Geburt Jesu bis zur Flucht nach Ägypten) und machen selbst eine Adventfeier. Die Kinder sollen – soweit es geht – sensibilisiert werden für den Kern des Weihnachtsfestes und das, was in den Jahrhunderten an Brauchtum dazu gewachsen ist.

Mitte Januar bis Ende Februar

Nach gründlicher Vorbereitung unterrichten Eltern in Gruppen von 6–8 Kindern zum Thema „Taufe". Die Stunden stehen jeweils unter einem Symbol: Wasser – Kreuz – Hand – Licht. Die Einheit endet mit einem Tauf(erinnerungs)gottesdienst.

März/April

In dieser Zeit behandeln wir das Thema „Passion und Ostern". Parallel zu den entsprechenden biblischen Geschichten erhalten die Kinder ein DIN-A 3-Blatt, auf dem die Stationen der Leidensgeschichte dargestellt sind. Diese werden ausgemalt. In den einzelnen Stunden steht ein in Schwarz und Violett gestaltetes Kreuz im Mittelpunkt, auf dem vier Teelichter brennen. Nach der entsprechenden biblischen Geschichte wird jeweils eines gelöscht, in der Stunde nach Ostern werden alle vier wieder angezündet.

Mai

Thema ist das „Abendmahl". Es wird unter den Begriffen Erinnern – Teilen – Vergeben behandelt und endet mit einem Familiengottesdienst, in dem die Kinder mit ihren Eltern zum Abendmahl eingeladen sind. In diese Zeit fällt auch eine Übernachtung im Gemeindezentrum, bei der das Abendmahl im Mittelpunkt steht.

Juni

Am Ende des KU 3-Jahres steht die Beschäftigung mit dem Thema Beten. Dabei sollen sich die Kinder ins Beten einüben und Dank-, Bitt- und Klagegebete selbst formulieren können.

In zwei Unterrichtsstunden steht das Kirchenjahr ganz im Mittelpunkt. Die christlichen Feste und die entsprechenden (Farb-)Symbole sollen den Kindern dabei vertraut werden.

C Allgemeine Gestaltungsvorschläge für KU 3-Stunden

1. Gestaltung der Stunden

1.1 Zeitaufwand

Pro Teilschritt im Rahmen eines Jahrgangsthemas (vgl. die beiliegenden Jahrgangspläne) brauchen Sie etwa eine Gruppenstunde.

1.2 Feste Struktur

Es hat sich bewährt, den Stunden eine feste Struktur zu geben, d.h. vor allem am Anfang und am Schluss gleich bleibende Elemente zu verwenden (vgl. C 6 Eingangs- und Schlussrituale). Gewohnte, wieder erkennbare Formen geben den Kindern Sicherheit und Orientierung. Für Sie als Leiter bzw. Leiterinbringen diese Formen auch Entlastung: Sie brauchen nicht jedes Mal neu zu begründen, warum jetzt ein Lied, Gebet oder Bibelwort passend sein könnte.

So könnte ein Rahmen aussehen: Ankommen, begrüßen, erzählen, wie es den Einzelnen gerade geht (Arbeit geschrieben, Fahrrad platt ...). Pünktlicher, fester Beginn. Kerze anzünden, gemeinsam still werden und einen Psalm lesen, ein Gebet sprechen, ein Lied singen. Anwesenheitsliste (s.u. 3. Gottesdienstbesuch vermerken, damit die Kinder auch merken, dass es bemerkt wird, ob sie im Kindergottesdienst waren) und von den Fehlenden berichten (vielleicht mit ins Anfangs- oder Schlussgebet einschließen).

Am Schluss sollte möglichst ein Segenswort stehen, ebenso sind auch hier Lied, Gebet oder Psalm möglich und sinnvoll. Verabredungen für die nächste Stunde (falls Material mitzubringen ist wie Buntstifte o.Ä.) nicht vergessen.

1.3 Abwechslung

In dieser Altersstufe ist es wichtig, immer wieder zwischen ruhigen und „unruhigen" Phasen zu wechseln: Entspannung und Spannung, Stillsein und Lautsein, Zuhören und Selber-Reden, Stillsitzen und Herumlaufen ... Also immer wieder einmal ein Lied (mit Bewegungen), ein kurzes Spiel dazwischen schieben, wenn man merkt, dass die Aufmerksamkeit entweicht und die Gruppe unruhig wird. Liedervorschläge stehen auf den Seiten 40ff., Spielvorschläge auf den Seiten 44ff..

1.4 Mitzubringen ist ...

Die Kinder sollen zu jeder Stunde ihre Sachen (Bibel, Gesangbuch, Schnellhefter und Federtasche) mitbringen. Und natürlich besondere Dinge, die für die kommende Stunde wichtig sind (nicht vergessen, am Ende der Stunde noch einmal extra darauf hinzuweisen).

1.6 Kindergottesdienst

Es ist sinnvoll, die Kinder zum Kindergottesdienst einzuladen. Bewährt hat sich ein Verabreden innerhalb von Kleingruppen, so dass die Kinder im Gottesdienst schon vertraute Personen um sich haben und auch gerne an den verabredeten Sonntagen gehen, damit sie nicht die Einzigen sind, die kommen.

2. Anwesenheitskontrolle

Legen Sie das folgende Blatt (S. 37) in die KU 3-Mappe der Kinder ein. Zu Beginn einer jeden Stunde malen die Kinder ein Kirchenfenster aus. So entsteht nach und nach ein schönes buntes Kirchenfenster, das ihnen ihre regelmäßige Teilnahme veranschaulicht.

3. Gebetsvorschläge

Viele KU 3-Kinder beten gern. Beginnen oder beenden Sie jede KU 3-Stunde mit einem Gebet. Sie können das Beten mit einem kleinen Ritual (Kerze, Sitzkreis ...) verbinden. Ein paar Gebetsvorschläge finden Sie auf den Seiten 38–39, die als Kopie in die KU 3-Mappe der Kinder eingelegt werden kann. So können die Kinder sich selbst das Gebet aussuchen, das sie an einem bestimmten Tag mit der Gruppe beten möchten.

KoKids 2002

Male an jedem Nachmittag von KU 3
einen kleinenTeil
des großen Kirchenfensters aus,
am besten jeweils mit einer anderen Farbe.

Gebete für KoKids

Guter Gott,
du bist immer bei mir.
Du begleitest mich und schützt mich.
Du bist da, wenn ich dich brauche.
Du bist auch da, wenn ich glaube,
dich nicht zu brauchen.
Danke, dass du bei mir bist.
Amen.

Lieber Gott,
du bist für uns Menschen da.
Ich bin froh, dass es dich gibt.
Jeden Tag möchte ich mit dir reden.
Auch wenn ich dich nicht sehe,
ich vertraue dir.
Amen.

Guter Gott,
es ist schön, dass ich Freunde habe.
Wir erzählen uns etwas,
wir spielen zusammen,
wir lachen und freuen uns.
Bitte beschütze mich und meine Freunde.
Sei du unser aller Freund.
Amen.

Lieber Gott,
heute hat es schon wieder Streit gegeben.
Die anderen ärgern mich,
und dann wehre ich mich.
Eigentlich will ich gar nicht streiten,
sondern viel lieber mit den anderen spielen.
Hilf uns, dass wir uns wieder vertragen.
Amen.

Lieber Gott,
was ist unsere Welt schön.
So vieles gibt es, wofür ich dir danken möchte,
für die Sonne am Morgen,
für das Kätzchen nebenan,
für die Menschen, die ich gern habe.
Gott, die Welt ist wunderschön.
Ich möchte, dass sie so bleibt.
Amen.

Lieber Gott,
manchmal fällt mir das Beten schwer.
Dann weiß ich gar nicht, was ich beten soll.
Hörst du mir denn wirklich zu,
wenn ich dir etwas sage?
Versteht du, was ich meine?
Gott, lass mich deine Nähe spüren.

Regen, Wind und Sonnenschein,
alles kommt von Gott allein,
er weiß, was wir nötig haben,
von ihm kommen alle Gaben.
Amen.

Wenn es mir gut geht, Gott,
denke ich oft gar nicht an dich.
Meistens bete ich nur, wenn ich in Not bin
und dich um etwas bitten möchte.
Lass mich auch an dich denken,
wenn ich froh bin.
Lass mich dir danken für alles Schöne.
Amen.

Guter Gott,
du lässt die Sonne scheinen
und die Sterne am Himmel spazieren gehen.
Ich kann dich nicht sehen,
und doch bist du für mich da.
Bitte beschütze mich
und alle Menschen auf der ganzen Welt.

Gute und böse Tage in meinem Leben,
Freude und Kummer, Glück und Leid.
Gott, begleite mich mit deinem Segen
alle Tage bis in Ewigkeit.

Lieber Gott,
schon viel habe ich von dir gehört,
all die Geschichten der Bibel.
Doch wichtiger ist,
dass ich dich spüre in meinem Innern:
Du bist bei mir,
du lässt mich nicht allein.
Du segnest mich.
Amen.

4. Lieder für den KU 3

In der folgenden Liste finden Sie eine Reihe von Liedern aus dem Evangelischen Gesangbuch (ab der Nummer 536 Regionalteil West). Es sind meist Lieder, die immer wieder gesungen werden können. Suchen Sie bitte pro Einheit 1–2 Lieder aus, die Sie dann immer wiederholen. Es werden sich bald bestimmte Lieblingslieder herauskristallisieren; um neue Lieder müssen Sie vielleicht sogar kämpfen. (Die folgenden Themen entsprechen dem Hiltruper Jahresplan, vgl. B 2.)

Thema	Evangelisches Gesangbuch
Kirche	604 Ein Schiff, das sich Gemeinde nennt
	648 Wir haben Gottes Spuren festgestellt
	225 Komm, sag es allen weiter
Luther	676 Du hast uns deine Welt geschenkt
	262 Sonne der Gerechtigkeit
	265 Nun singe Lob, du Christenheit
Gott als Freund	654 Wo ich gehe, wo ich stehe
	317 Lobe den Herren
	663 Herr, deine Liebe
	645 Lasst uns miteinander
	612 Der Herr ist mein getreuer Hirt
Advent	538 Tragt in die Welt nun ein Licht
	1 Macht hoch die Tür
	17 Wir sagen euch an
Weihnachten	544 Mit den Hirten will ich gehen
	43 Ihr Kinderlein, kommet
	36 Fröhlich soll mein Herze springen
Judentum	433 Hevenu schalom alejchem
	434 Schalom chaverim
Beten	334 Danke für diesen guten Morgen
	170 Komm, Herr, segne uns
	648 Wir haben Gottes Spuren festgestellt
	409 Gott liebt diese Welt

	408	Meinem Gott gehört die Welt
	425	Gib uns Frieden jeden Tag
Passion	558	Nun ziehen wir die Straße
	321	Nun danket alle Gott
Ostern	99	Christ ist erstanden
	100	Wir wollen alle fröhlich sein
	403	Schönster Herr Jesu
Taufe	209	Ich möcht, dass einer mit mir geht
	210	Du hast mich, Herr, zu dir gerufen
	331	Großer Gott, wir loben dich
	432	Gott gab uns Atem
	395	Vertraut den neuen Wegen
Segen/Abschluss	421	Verleih uns Frieden gnädiglich
	171	Bewahre uns, Gott

Liste neuerer religiöser Lieder, die für KU 3 geeignet und in fast allen Liedsammlungen zu finden sind:

Kindermutmachlied (Wenn einer sagt: Ich mag dich, du)
Halte zu mir, guter Gott
Jesus ist der gute Hirte
Jesus zieht in Jerusalem ein
Jesus ist tot! Das kann doch gar nicht sein
Der Herr ist auferstanden
Kann mich jemand leiden?
Zu Ostern in Jerusalem
Auf der Suche nach dem Leben
Gott, dein guter Segen
Habt ihr schon gehört von Abraham
Und der Kreis wird immer größer

Auf der folgenden Seite finden sich eine Reihe von leicht singbaren Kanones, die immer wieder – etwa beim Wechsel von den Kleingruppen zur Großgruppe – eingesetzt werden können.

Gestaltung

Amen, Amen

A-men, a-men, Gott, dein Geist geb' Frie-den un-serm Volk!

Frie-den al-len Völ-kern, Frie-den al-len Völ-kern!

Danket, danket

Dan-ket, dan-ket dem Herrn; denn er ist sehr freund-

lich, sei-ne Güt' und Wahr-heit wäh-ret e-wig-lich.

Froh zu sein

Froh zu sein be-darf es we-nig. Und wer froh ist, ist ein Kö-nig.

Für Speis und Trank

Für Speis' und Trank, fürs täg-lich Brot wir

dan-ken dir, o Gott!

Gott ist heilig

Gott ist hei-lig, Gott ist herr-lich. Gott ist groß, Gott ist gut.

Gott ist un-ser Va-ter, Gott ist un-ser Va-ter, der uns liebt, der uns liebt.

Heilig

Hei- lig bist du, hei- lig bist du. Herr der Mäch- te, hei- lig bist du!

Ich will dir danken

Ich   will   dir   dan - ken,   weil   du   mei - nen

Na - men   kennt,   Gott   mei - nes   Le   -   bens.

In Freud und Not

In   Freud   und   Not   gibt   Gott   das   Brot.

Lob   und   Dank   sei   un - serm   Gott.

Gestaltung

Jubilate Deo

Ju - bi   -   la - te   De - o,   ju - bi - la - te
Jauch - zet   Gott   in   al - len   Lan - den   al - le

De   -   o.   Al   -   le - lu   -   ja.
Völ   -   ker.   Al   -   le - lu   -   ja.

Was wir brauchen

Was   wir   brau - chen,   gibt   uns   Gott:

fro - hes   Herz   und   täg - lich   Brot.

5. Spielideen für den KU 3

Farben rücken
Die Kinder setzen sich in einen Stuhlkreis. Der/die Spielleitende verteilt verdeckt die Spielkarten. Eine Karte pro Kind. Diese merken sich die Farbe ihrer Karte und die Karten werden wieder eingesammelt. Der/die Spielleitende deckt nun vom Kartenstapel immer eine Karte auf und ruft die Kartenfarbe in die Runde. Die Kinder, deren Farbe aufgerufen wurde, rücken einen Platz nach links. Entweder landen sie auf einem freien Stuhl, weil der linke Nachbar auch einen Platz aufrückt, oder sie setzen sich auf den Schoß des Nachbarn. Hat man ein oder mehrere Kinder auf seinem Schoß, kann man nicht weiterrücken. Sieger ist das Kind, das zuerst wieder auf seinem Ausgangsplatz ist.
– Material: Elfer Raus Karten oder ähnliche Spielkarten mit mind. vier verschiedenen Farben
– Gruppierung: Alle

Zick – Zack – Zuck
Ausgangsposition: am besten ein Stuhlkreis. In diesem Spiel geht es um vier verschiedene Kommandos:
>   – Zick: Aufstehen
>   – Zack: Hinsetzen
>   – Zuck: Arme hoch
>   – Ruck: Arme runter

Der/die Spielleitende gibt diese Kommandos in immer schnellerer Abfolge in die Runde. Nach einer Aufwärmphase scheiden Kinder, die fehlerhaft agieren, aus. Man kann dies Spiel aber auch einfach so zur Bewegung nutzen.
– Material: keins
– Gruppierung: Alle

Der Zeitungsmensch
Welche Gruppe schafft es am schnellsten, ein Gruppenmitglied bis zum Hals in Zeitungspapier einzuwickeln (mit Bindfaden befestigen), und ihm einen Zeitungshut aufzusetzen, der selbst hergestellt werden muss?
– Material: Zeitungen, Bindfaden
– Gruppierung: Kleingruppen von 4–6 Spielern

„Schlag"zeile
Die Kinder sitzen im Stuhlkreis. In der Mitte steht ein 10 l Eimer oder ein leerer Mülleimer. Ein Kind hat keinen Platz und steht in der Kreismitte. Seine Aufgabe ist es, mit einer zusammengerollten, mit Klebeband fixierten Zeitung, einem anderen Kind auf die Knie oder die Oberschenkel zu schlagen. Anschließend muss es die Zeitung sofort in den Eimer werfen/stecken und dann den Platz des Geschlagenen ergattern. Dieser versucht nämlich die Zeitung aus dem Eimer zu greifen und das andere Kind mit der Zeitung auf den Po zu schlagen. Ist dies von Erfolg gekrönt, darf das Kind seinen Platz behalten. Wenn nicht, muss es in die

Mitte. Wichtig: Die Schläge sollen treffen, aber nicht weh tun. Vorsicht ist angesagt!
– Material: Zeitungen, Klebeband, Eimer o.Ä.
– Gruppierung: Alle

Monsterwachstum
Die Kinder rennen auf einem eingegrenzten Spielfeld umher. Ein Kind ist das Monster und versucht die anderen durch Abschlagen zu fangen. Jedes gefangene Kind wird vom Monster an die Hand genommen (immer an die äußeren Enden). So wird das Monster immer größer.
– Material: keins
– Gruppierung: Alle

Riesenraupe
Alle Kinder legen sich eng nebeneinander auf den Bauch. Am Ende der Reihe beginnt ein Kind damit sich vorsichtig auf seinen Nachbarn zu rollen und so weiter über die gesamte Körperreihe, bis es den Anfang erreicht hat. Dort legt es sich wieder auf den Bauch. Inzwischen ist am Ende schon das nächste Kind wieder gestartet. Das Spiel ist auch als Wettkampf zwischen zwei oder mehreren Raupen möglich.
– Material: keins
– Gruppierung: Alle, evtl. zwei oder mehr Gruppen

Schlangenhäuten
Am besten spielt es sich in einer großen Gruppe. Alle stellen sich hintereinander mit gegrätschten Beinen auf und lassen einen kleinen Abstand zum Vordermann. Nun streckt jeder seine rechte Hand nach vorne und greift mit der linken Hand durch die eigenen gegrätschten Beine nach hinten. Dort packt man sich die rechte Hand des Hintermannes. Das letzte Kind in der Reihe versucht nun, sich langsam auf den Rücken zu legen. Dabei zieht es den Vordermann (und somit die ganze Schlange) vorsichtig nach hinten. Dieser steigt breitbeinig über das Kind hinweg und legt sich knapp dahinter auch auf den Rücken. So geht es langsam weiter. Wenn alle liegen, kann man die „Häutung" rückgängig machen, also genau umgekehrt. Wichtig dabei ist, dass man sich nicht loslässt.
– Material: keins
– Gruppierung: Alle, evtl. zwei oder mehr Gruppen gegeneinander

Wort entdecken
Die Kinder sitzen im Stuhlkreis. Ein Freiwilliger/eine Freiwillige geht vor die Tür. Die Gruppe sucht sich nun ein Wort aus, mit mind. 3 Silben (die Wörter können auch durch den Spielleiter vorgegeben sein und z.B. zu einem Thema passen). Die Gruppe wird entsprechend der Silbenanzahl in Untergruppen eingeteilt. Jeder Untergruppe wird eine Silbe zugeteilt. Beispiel: Sonnenbrille: 4 Gruppen mit den Silben Son – nen – bril – le. Die Untergruppen verteilen sich gleichmäßig im Stuhlkreis. Sobald der Freiwillige den Raum betritt, ruft jedes Kind seine Silbe, z.B. „bril", und zwar so lange, bis der/die Freiwillige aus diesem

Stimmengewirr ein Wort erkennt und das Rätsel lösen will. Dazu sollten ihm drei Versuche zur Verfügung stehen.
- Material: keins
- Gruppierung: Alle

Gegurgelte Wörter
Als Wettspiel zwischen zwei Gruppen oder einfach so zum Spaß! Ein Freiwilliger/eine Freiwillige bekommt ein Wort gesagt und muss dies, während er mit Wasser gurgelt, immer wieder sagen. Alle anderen müssen raten, um welches Wort es geht. Auch hier kann man Wörter passend zum Thema wählen.
- Material: Glas, Wasser, evtl. Handtuch
- Gruppierung: Alle

Wo ist der Zonk
Ein Kind steht in der Mitte. Alle anderen bilden eine Kreis und stehen ganz eng, Schulter an Schulter zusammen. Sie blicken zur Kreismitte. Mit ihren Händen geben sie hinter ihren Rücken den ZONK (irgendein Gegenstand) weiter. Täuschen ist erlaubt! Das Kind in der Mitte muss herausfinden, in welcher Hand sich der ZONK gerade befindet. Rät es richtig, dann stellt es sich in den Kreis und das Kind, in dessen Hand der ZONK ist, muss in die Mitte. Nach mindestens fünf Fehlversuchen sollte man das Kind in der Mitte erlösen.
- Material: ZONK
- Gruppierung: Alle, 10–20 Spieler

Die Welle
Die Kinder sitzen in einem Stuhlkreis und lassen die Welle kreisen. Nacheinander stehen die Kinder auf und setzen sich schnell wieder hin. Je schneller, desto lustiger. Jedes Kind kann jedoch die Richtung der Welle verändern, indem es beim Aufstehen zweimal in die Hände klatscht.
- Material: keins
- Gruppierung: Alle, ab 10 Spieler

Affentheater
Der ganze Raum kann genutzt werden. Es wird ein „Oberaffe" bestimmt, der mit einer lustigen Bewegung beginnt, die sofort von allen anderen Affen nachgemacht werden muss. Die Bewegungen sollten nach kurzer Zeit wechseln und können ganz ausgeflippt sein. Natürlich sollte auch der „Oberaffe" nach einiger Zeit ausgewechselt werden.
- Material: keins
- Gruppierung: Alle; je mehr Kinder, desto mehr Spaß

Sonne, Schiff und Sturm
Der/die Spielleitende erzählt eine Geschichte, in der immer wieder die Begriffe Sonne, Schiff und Sturm vorkommen. Bei diesen Worten müssen die Spieler folgende Aktionen durchführen: Sonne – alle legen sich auf den Boden, um sich zu sonnen; Schiff – alle stellen sich auf einen Stuhl; Sturm – die Gruppe stellt sich

schnell ganz dicht zusammen, um sich gegenseitig zu schützen. Die Geschichte wächst in der Fantasie des Spielleiters. Es können natürlich auch andere Begriffe verwendet werden, z.B. Ebbe, Flut und Sturm usw.
- Material: keins
- Gruppierung: Alle

Obstsalat
Die Kinder sitzen im Stuhlkreis. Nun wird die Gruppe in 4–5 Obstgruppen eingeteilt (je nach Gruppengröße). Jedes Kind erfährt nur seine eigene Obstsorte. Ein Kind hat keinen Stuhl und steht in der Mitte des Kreises. Die 4–5 Obstsorten, die verteilt wurden, werden nun bekannt gegeben. Nun kann das Kind in der Mitte eine dieser Obstsorten aufrufen, und die Kinder, die diese Sorte haben, wechseln schnell die Plätze. Also rennen z.B. alle „Kirschen" durch den Kreis. Es darf kein Kind an seinen alten Platz zurück. Auch das Kind aus der Mitte versucht nun einen Platz zu erwischen. Wer keinen Platz erwischt, bleibt in der Mitte und muss die nächste Obstsorte aufrufen. Bei dem Befehl „Obstsalat" müssen alle Kinder den Platz wechseln.
- Material: evtl. Karten mit Obstsorten, je 4–5 pro Sorte
- Gruppierung: Alle

Musikstopp
Die Kinder tanzen zur Musik. Wenn die Musik stoppt, müssen kleine Aufgaben erfüllt werden z.B.
    – Jemanden Huckepack nehmen
    – Auf einem Bein hüpfen
    – In Dreier- oder Vierergruppen eine Pyramide bauen
    – Kniebeugen machen
    – Gegenstände besorgen
    – usw.
- Material: Musikanlage, CD
- Gruppierung: Alle

Pferderennen
Die Kinder sitzen auf den Knien in einem engen Kreis. Der/die Spielleitende kommentiert in aufregender Form ein Pferderennen (er spielt selbst mit). Zu diesem Kommentar machen alle die passenden Bewegungen:
- Start: alle klatschen in die Hände
- Laufen der Pferde: mit Händen auf die Oberschenkel klopfen
- Kurve: rechts oder links in die Kurve legen, dabei natürlich „weiterrennen"
- Hindernis: mit den Armen zur Kreismitte
- Doppelte Hindernisse: s.o.
- Sturz: flach nach vorne legen
- Zuschauerjubel: Arme nach oben reißen und laut jubeln
- Finish: immer schneller werden
- Siegerehrung: breites Grinsen
- usw.

Spiele rund um den Ballon
- Gruppierung: Staffeln in zwei oder mehr Gruppen:
- Material: Luftballons, Wäscheleinen o.Ä., 2 Eimer, 2 Kochlöffel, Faden, mit Musik machen die Spiele mehr Spaß

1. Grätschstafette
Die Kinder stellen sich in Gruppen hintereinander mit gegrätschten Beinen auf. Ein Luftballon wird mit den Händen durch die Beine nach hinten weitergegeben. Hat das letzte Kind den Ballon in den Händen, rennt es nach vorne, und der Durchgang beginnt von vorne. Welche Mannschaft hat als Erste wieder ihre Startaufstellung?

2. Ballon treiben
Wieder stehen die Kinder in Gruppen hintereinander. Die vorderen Spieler werfen ihren Ballon in die Höhe und treiben ihn mit einem Kochlöffel zur Mitte, wo er in einen Eimer oder Karton versenkt werden muss. Erst dann darf er wieder mit den Händen berührt werden und zurück zur Mannschaft getragen werden. Fällt der Ballon auf die Erde oder wird er vor dem Ziel mit den Händen berührt, muss man zurück zum Start und noch einmal beginnen. Nun ist der nächste Spieler dran.
Variationen: Ein Hindernisparcours erhöht die Schwierigkeit des Spiels. Treiben und vertreiben: diesmal soll der Ballon in den Eimer der gegnerischen Mannschaft. Diese darf versuchen, dies zu verhindern, während sie selbst den Ballon versenken will.

3. Kniestafette
Aufstellung wie bei der Grätschstafette. Die Kinder klemmen sich den Ballon zwischen die Knie und müssen ihn ohne Zuhilfenahme der Hände an den Hintermann weitergeben. Das letzte Kind in der Reihe muss mit dem Ballon zwischen den Knien wieder nach vorne laufen, und der nächste Durchgang beginnt, bis die Anfangsaufstellung wieder erreicht ist.

4. Zehenballonwettbewerb
Die Gruppen stellen sich in Reihen auf. Die ersten Kinder klemmen sich einen Ballon zwischen die Zehen und legen damit einen Parcours zurück (über Leinen drüber oder drunter durch; über Stühle; hüpfen, krabbeln usw.). Dabei darf der Ballon nicht verloren gehen. In diesem Fall zurück zum Start oder zum letzten Hindernis. Wenn der Parcours absolviert ist, ist der Nächste aus der Gruppe dran. Welche Gruppe ist am schnellsten?

5. Ballonpaarlauf
Immer ein Paar aus einer Mannschaft stellt sich seitlich an der Startlinie auf, so dass sie sich anschauen. Zwischen ihre Stirne klemmen sie einen Luftballon und ihre Hände verschränken sie auf dem Rücken. Welches Paar kann am schnellsten zum Wendepunkt und zur Gruppe zurück laufen, ohne den Ballon zu verlieren? Die Nächsten der Gruppe sind dran. Welche Gruppe ist am schnellsten?

Variation: Luftballon zwischen den Rücken transportieren.

6. Spiel zum Ende
Jedes Kind bindet sich einen Luftballon an einen seiner Füße. Wenn die Musik läuft, versucht nun jedes Kind die Luftballons der anderen zu zertreten. Natürlich muss man seinen eigenen Ballon im Auge behalten. Wer wird der Ballonchampion?

6. Eingangs- und Schlussrituale in KU 3-Gruppen

Zum Eingang:

1. Der „stille Gruß"
Die Gruppe steht im Kreis. Alle fassen sich an den Händen und werden ganz still. Ein Kind wird bestimmt und darf den stillen Gruß weitergeben: Es gibt einen Händedruck nach rechts oder links weiter. Der Händedruck wird im Kreis weitergegeben. Das letzte Kind sagt „Guten Tag" oder „Schalom" o.Ä., und die Gruppe antwortet darauf im Chor. – Der stille Gruß kann auch als Verabschiedung gestaltet werden.

2. „Sonne, Stein und Wolke"
Dazu werden eine Sonne (Symbol für die Freude), ein Stein (Symbol für die Last) und eine Wolke (Symbol für die Wünsche und Träume) aus farbigem Tonpapier oder Pappe ausgeschnitten. Die Kinder knien im Kreis auf einem Teppich oder sitzen im Stuhlkreis. Zuerst wird die Sonne in die Mitte gelegt. Wer möchte, darf einen Satz sagen, der mit „Guter Gott, ich freue mich, dass ..." beginnt. Am Anfang gibt die Leitung reihum durch Blickkontakt zu erkennen, wann das nächste Kind an der Reihe ist. Bald sind die Kinder in der Lage, selber aufeinander zu achten. Wichtig: Jeder darf, keiner braucht etwas zu sagen!
Nach der Sonne kommt der Stein in die Mitte mit dem Satz „Guter Gott, ich bin traurig, weil ...". Das Gebet endet mit der Wolke zu dem Satz „Guter Gott, ich bitte dich, dass ...". Am Schluss sprechen alle gemeinsam „Amen".

3. Unter uns: So geht es mir heute ...
Jedes Kind bekommt einen Mimürfel (von Hajo Bücken, Arbeitsstelle für Neues Spielen). Jeder Würfel hat auf seinen sechs Seiten sechs verschiedene Mimiken: strahlend, optimistisch, unentschieden, erstaunt, pessimistisch, zornig. Jeder legt die Seite nach oben, die seiner momentanen Stimmung entspricht. Ob dies wortlos geschieht oder kommentiert wird, entscheidet jedes Kind selbst.

Zum Schluss:

1. Segen mit Bewegung
Alle stehen im Kreis und sprechen gemeinsam den Schlusssegen mit Bewegungen:

Die Kraft des lebendigen Gottes	*die Arme gehen ausgestreckt nach oben*
bewahre mich	*Hände auf den Magen*
stärke mich	*Hände seitlich nach oben*
schütze mich	*Arme kreuzen, Hände vertauscht auf Schultern*
fülle mich	*Hände als Schale gehalten vor sich*
segne mich	*Wir „gießen" uns den Segen auf den Kopf.*
Amen.	*Wir reichen uns die Hände.*

2. Segen mit Vorsprechern:
Der folgende Segen ist zu finden bei Gerda und Rüdiger Maschwitz, Gemeinsam Stille entdecken. Übungen für Kinder und Erwachsene, München 1995, 192:

Gott, sei vor mir und leite mich.
Gott, sei neben mir und begleite mich.
Gott, sei hinter mir und schütze mich.
Gott, sei unter mir und trage mich.
Gott, sei über mir und öffne mich.
Gott, sei in mir und schenke mir ein lebendiges Herz.

Im Raum ist es ganz still. Ein Kind darf Vorsprecher sein. Jeder Satz wird von der Gruppe wiederholt. Wer will, darf dabei die Augen schließen.

3. Anfangs- und Schlusslieder
Die ersten beiden Lieder finden sich in: „Amen: Lieder für Kinder und Jugendliche", hg. vom Niedersächsischen Kirchenchorverband u.a., Strube Verlag GmbH, München-Berlin. Viele Lieder darin sind mit Bewegungsvorschlägen versehen.

Nr. 4   Guten Tag, ihr seid willkommen
Nr. 51   Wolken oder Sonnenschein (auch als Kehrvers zwischen Gebetsanliegen geeignet)

EG 175 Ausgang und Eingang

D Themen – Gestaltungsideen und Material

Die folgenden Themen sind alphabetisch geordnet. Bei der Zusammenstellung zu einem Jahrgangsplan können Ihnen die Beispiele im Abschnitt B (S. 23ff.) helfen.

1. Abendmahl (Nachmittag mit Eltern und Kindern)

1. Teilschritt (im Kreis)
- Begrüßung und Vorstellen des Programms für den Nachmittag
- Der Abendmahlsbaum (vgl. Seite 53) wird vorgestellt. Der Baum hängt in einer sehr großen Ausführung an der Wand. Dort, wo die Schrift ist, sind weiße Flecken. Die Schrift wird erst jeweils nach der Erarbeitung ergänzt.
- Brainstorming: Was wisst ihr über das Abendmahl?
- Das Abendmahlsbild (vgl. Seite 54) wird verteilt, gemeinsam betrachtet und besprochen. Dabei sollen vier Aspekte des Abendmahls erarbeitet werden: Teilen – Vergeben – Erinnern – Feiern.
- Lied: Komm in unsere Runde (oder ein anderes passendes Lied)

Pause: Obstsalatspiel (s. S. 47) mit Begriffen vom Abendmahl (Korn, Trauben, Brot ...)

2. Teilschritt (im Kreis): Teilen – Gemeinschaft erfahren
- Bei meditativer Musik wird der Text „Der Traum des kleinen Weizenkorns" vorgelesen (vgl. Seite 55).
- Anschließend teilen wir Oblaten miteinander und üben das Eintauchen (zum Üben in Wasser statt Saft).
- Abschluss: ein Spiel, bei dem man sich bewegen kann.

Pause mit Getränken und Keksen

3. Teilschritt (Aufteilen in zwei Gruppen)
Gruppe 1: Vergeben – Schuld verbrennen sehen
- Wir erinnern uns an Zachäus.
- Wir schreiben Jesus einen Brief:
  Jeder bekommt ein Blatt Papier, einen Stift und einen Briefumschlag. Wir verteilen uns so im Raum, dass keiner sehen kann, was der andere schreibt. Jeder schreibt Jesus jetzt etwas, das ihm sehr Leid tut, und bittet Jesus um Vergebung. Es ist klar, dass die Briefe nicht gelesen werden.
- Nach etwa zehn Minuten Rückkehr in den Kreis. Es steht jetzt ein alter Topf in der Mitte (Vorsicht, er wird sehr heiß!) und daneben steht eine Kerze.
- Wir beten gemeinsam das Vaterunser und unterbrechen es nach der Vergebungsbitte. Dann geht reihum jeder in die Mitte, zündet seinen Brief an der

Kerze an und lässt ihn brennend in den Topf fallen. Dabei bittet er/sie im Stillen um Vergebung. Liegt der Brief im Topf, sagt der Besitzer laut „Amen" und alle wiederholen das „Amen". Dann ist der Nächste dran. Wenn alle ihre Briefe verbrannt haben, wiederholen wir die Vergebungsbitte und beten das Vaterunser zu Ende.

Es wird gut sichtbar: Vergebung als Auslöschen der Schuld. Wir dürfen unsere Schuld an Gott abgeben, wie der Brief dem Feuer übergeben wird.

Gruppe 2: Brot backen für das Abendmahl am Sonntag
– Der Teig des Quarkbrotes (vgl. Seite 56) wird zu einem Fisch geformt.

Nach ca. 45 Minuten Wechsel der Gruppen

Pause

4. Teilschritt (im Kreis): Erinnern
Ziel: Beim Passahmahl erinnert man sich an die Befreiung aus Ägypten und isst das Brot der Befreiung. Beim Abendmahl erinnern wir uns an Jesus; er ist bei uns in Brot und Wein, und wir essen das Brot der Befreiung von Schuld ...
– In der Kreismitte liegt ein buntes Tuch; darauf steht eine Schüssel mit Körnern und eine Schale mit Weintrauben. Eine Kerze brennt.
– In einem kurzen Gespräch wird erarbeitet: Passah als Wurzel des Abendmahls: Erinnern an die Befreiung aus der Sklaverei Ägyptens.
– Die Schale mit den Körnern geht im Kreis herum; jeder darf sich ein Korn nehmen. Gleiches geschieht mit den Trauben.
  Bei meditativer Musik werden die Texte „Das Brot des Lebens" und „Der Kelch des Heils" vorgelesen (vgl. Seite 57f.).
– Der Abendmahlsbaum wird vervollständigt und jeder bekommt danach eine Kopie.

5. Teilschritt (im Kreis): Feiern
Ziel: Abendmahl als Vorwegnahme des Freudenmahles mit Gott.
– Vorbereiten des Gottesdienstes als Fest
– Im Gottesdienst am darauf folgenden Sonntag gab es eine Gabenbereitung (vgl. Seite 58).

Aufräumen

Eltern und Kinder waren während der ganzen Zeit zusammen und haben an den einzelnen Einheiten teilgenommen und gut mitgemacht. Es war auch für die Eltern noch einmal eine neue Begegnung mit dem Abendmahl. Der Nachmittag fand an einem Freitag statt und die erste Abendmahlsteilnahme der Kinder am darauf folgenden Sonntag. Problem: Die Zeit ist recht knapp bemessen.
Die meisten Ideen und Texte stammen aus:
– Abendmahl – ku-praxis 9, 1978, 8ff.
– Johannes Blom, Abendmahl feiern mit Kindern, München 1998

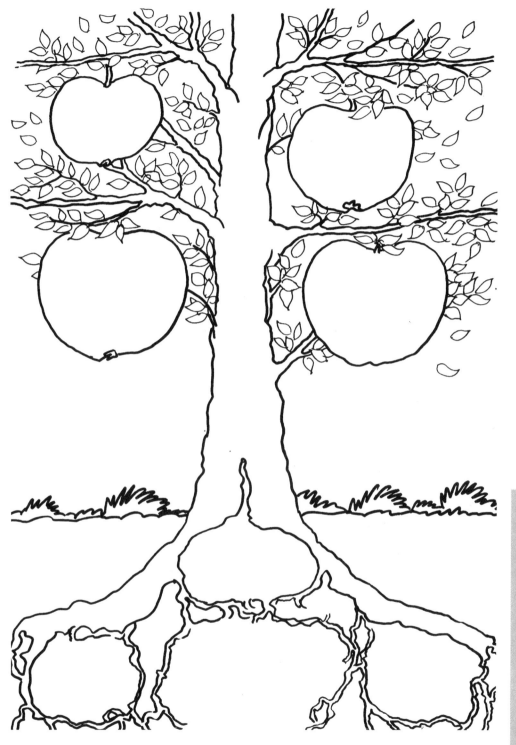

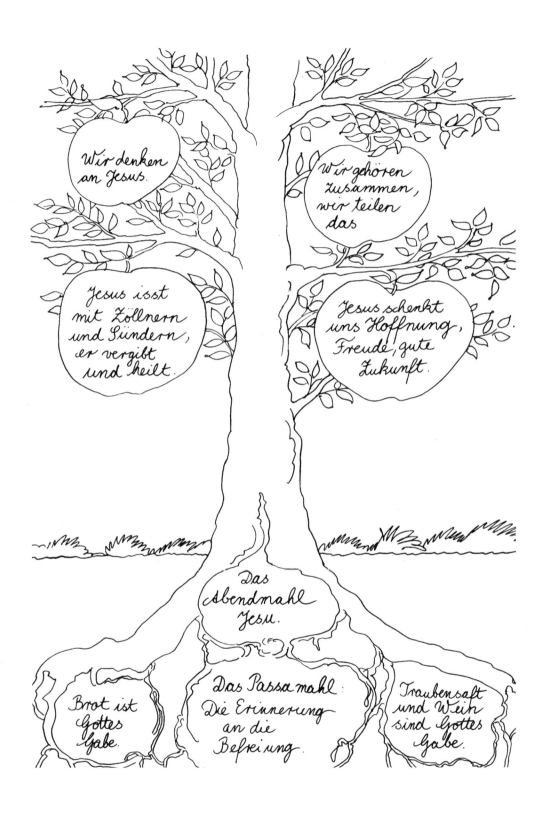

Wir denken an Jesus.

Wir gehören zusammen, wir teilen das

Jesus isst mit Zöllnern und Sündern, er vergibt und heilt.

Jesus schenkt uns Hoffnung, Freude, gute Zukunft.

Das Abendmahl Jesu.

Brot ist Gottes Gabe.

Das Passamahl: Die Erinnerung an die Befreiung.

Traubensaft und Wein sind Gottes Gabe.

Der Traum des kleinen Weizenkorns

Schaut mich an. Ein kleines Weizenkorn bin ich, klein und unscheinbar. Aber in mir steckt eine große Kraft. Das spüre ich.

Woher ich komme? Ich weiß es nicht genau. Aber ich ahne es: Da war ein anderes Korn, das wurde irgendwann in die Erde gelegt. Vom Wasser und von der Wärme der Sonnenstrahlen geweckt, ist es aufgebrochen und ein kleiner Halm ist daraus gewachsen. Der wurde größer und größer und an seiner Spitze wuchsen viele Körner. Unter der Sommersonne sind sie gereift und dann vom Bauern geerntet worden.

Nun waren es viele Körner und eines davon bin ich. Das ist meine Geschichte. Aber das ist nicht alles. Ich spüre es, aus mir kann noch etwas anderes werden. Etwas, bei dem meine Kraft anderen gut tut. Was ich mir vorgenommen habe, ist schwer. Alleine werde ich es nicht schaffen. Meine kleine Kraft reicht nicht aus, darum werde ich mir andere Körner suchen.

Um das zu erreichen, muss ich meine Hülle verlassen. Ich weiß, das klingt hart. Aber um meine Kraft mit den Kräften der anderen zusammenzubringen, muss es geschehen. Erst im gemahlenen Mehl kann diese Kraft Neues bewirken.

Aus vielen Körnern wird das Mehl gemahlen. Damit ist es nicht genug. Wasser muss zum Mehl dazukommen, damit es weitergeht. Wasser verbindet uns zu einem großen Ganzen, dem Teig. Die kräftigen Hände des Bäckers kneten und mischen den Teig. Geballte Kraft, so fühle ich mich als Teig.

Und dann geht es weiter. Von Neuem werden wir vermengt. Etwas Salz und Hefe wird unter den Teig gemischt. Im Dunklen und Warmen abgestellt, brauche ich dann Zeit, um meine Kraft zu entfalten.

In dieser Zeit spüre ich es ganz deutlich: Von außen ist eine andere Kraft dazu gekommen. Es geschieht eine Verwandlung. Das Mehl aus vielen Körnern, gemischt mit Wasser, Salz und Hefe, verbindet sich und neue Kräfte werden frei. Ich wachse, wir wachsen über uns hinaus. Unserer Stärke sind wir uns bewusst.

Wir freuen uns über die Kraft, die wir in uns spüren, und wir wissen: Unsere Kraft wird nicht aufhören. Was immer aus uns wird, unsere Kraft wirkt ansteckend.

Dann aber kommt eine harte Probe auf uns zu. Das Licht der Sonne, das uns als Korn wachsen und reifen ließ, wird viel, viel stärker. Glühend heiß ist es im Ofen, die Hitze des Feuers verschlägt uns fast den Atem. Diese Wärme geht uns durch und durch. Ich, wir haben Angst, Todesangst. Ist jetzt alles vorbei, war alles vergeblich?

Nein, jetzt geschieht die größte Verwandlung. Das Feuer brennt, aber es verbrennt uns nicht. Aus dem Teig wird das Brot. Schönes, braunes Brot. Brot, das gut schmeckt. Brot, das gut riecht.

Nun bin ich das, wovon ich von Anfang an geträumt habe: ein köstliches Brot.

Doch, wo Brot allein bleibt, kann es seine Kraft nicht weitergeben. Das Brot muss geteilt werden. Nur im Teilen wird seine ganze Kraft weitergegeben. Und das Brot hat Kraft für viele.

Als Brot sind wir, bin ich, das kleine Weizenkorn, Zeichen für Jesus Christus. Jesus Christus hat gesagt: Ich bin das Brot des Lebens. Glaubt an mich, dann steckt in euch eine große Kraft. Und teilt diese Kraft. Teilt das Brot. Dann haben alle teil an meiner Kraft.

Alle Menschen, das wünsche ich mir, das kleine Weizenkorn, sollten Anteil haben an dieser Kraft. Deshalb sage ich euch: Teilt das Brot, teilt die Kraft, die in ihm steckt.

Jesus Christus – Brot des Lebens – lädt euch alle ein:
Kommt zu mir, nehmt und esst, schöpft aus der Kraft des Brotes.
Hoffnungsbrot für eure Angst.
Vertrauensbrot für eure Zweifel.
Stärkungsbrot für eure Mutlosigkeit.
Friedensbrot für euren Streit.

Nun wird das Brot miteinander geteilt und gegessen.

Rezept für ein Quarkbrot

Zutaten:
200 g Quark
4 Esslöffel Milch
8 Esslöffel Öl
1 Ei
eine Prise Salz
400 g Weizenmehl (helles Mehl; kein Vollkornmehl, da sonst der Teig sehr fest wird. Bei Vollkornmehl muss mehr Flüssigkeit hinzugefügt werden)
1 Päckchen Backpulver
frische Kräuter (Petersilie, Dill, Schnittlauch) als Erinnerung an die bitteren Kräuter beim Passahmahl

Alles gut mischen und bei 225 °C sechzig Minuten lang backen.
Es kann versucht werden, aus dem Teig einen Fisch zu formen.

Das Brot des Lebens

In meiner Hand habe ich einen großen Schatz. Goldgelb liegt er da, matt glänzen die einzelnen Teile meines Schatzes im Licht. Für manche Menschen ist mein Schatz mehr als die gleiche Menge Gold wert, anderen ist er viel, viel weniger wert. Ja, manche glauben sogar, dass mein Schatz gar nicht viel wert ist.

Ich gebe euch jetzt von meinem Schatz ab, jedem einen Teil. Ihr erkennt sofort, dass es Getreidekörner sind. Schaut euch in aller Ruhe das Korn an. Klein ist es, es liegt wie verloren in der Handfläche. Auf der einen Seite ist das Korn ganz rund, auf der anderen Seite ist von oben bis unten eine Spalte zu sehen. Fühlt das Korn zwischen zwei Fingern. Es ist hart und lässt sich nicht zusammendrücken. Seine Enden sind manchmal rund, manchmal spitz, je nach Sorte. Die spitzen Enden bohren sich ein bisschen in die Haut. Das schaut dann aus, wie wenn das Korn in meiner Haut steckt.

Aus den Körnern wird das Mehl gemahlen. Die Mahlsteine sind stärker als die harte Schale des Korns. Sie zerreiben es und heraus kommt das feine, weiße Mehl, aus dem dann Brot gebacken wird.

Aus diesem Mehl wird unser Brot gebacken. Brot brauchen wir zum Leben. Mit Brot stillen wir unseren Hunger. Viele, viele Körner sind nötig für ein Brot. Im Frühjahr säen die Bauern die Körner. Aus einem Korn wächst ein Halm und in der Ähre des Halmes viele Körner. Damit diese vielen Körner wachsen können, muss das eine Korn in der Erde sich verwandeln. Es kann kein Korn bleiben, sondern gibt seine ganze Kraft, damit die Wurzel in die Erde hineinwächst und der Halm aus der Erde heraus.

Jesus ist einmal mit den Jüngern zu einem Getreidefeld gegangen und hat eine Ähre in die Hand genommen. Vorsichtig reibt er einige Körner mit seinen Händen aus der Ähre heraus und zeigt sie den Jüngern. „Schaut euch die Körner an. Sie müssen sterben, um neues Leben hervorzubringen. Schaut, wie viel Frucht ein einziges Korn bringt. Das Brot aus diesen Körnern braucht ihr zum Leben. Genauso wichtig wie das Brot will ich für euer Leben sein. Ich bin das Brot des Lebens."

Der Kelch des Heils

In meiner Hand liegt eine Weintraube. Von dem kräftigen Stiel in der Mitte zweigen viele kleine Stiele ab, an denen die einzelnen Beeren hängen. Große und kleinere, fast goldgelbe und etwas grünere, manchmal nur eine einzige an einem Stiel, manchmal mehrere. Die Trauben wachsen an den Weinstöcken. Sie brauchen einen fruchtbaren Boden, Regen und viel Sonne. Der Regen bringt den Saft und die Sonne die Süße. Die saftigen Beeren machen einem richtig Appetit, sie haben die Wärme des Bodens, die Feuchte des Regens und die Kraft der Sonne in sich.

Nehmt euch von der Traube eine Beere. Schaut sie euch an. Prall vom Saft liegt sie in der Hand. Oben an der Stelle, wo sie vom Stiel gezogen wurde, kommt ein kleiner Tropfen Saft heraus. Haltet die Beere vorsichtig gegen das Licht. Durch die Schale hindurch könnt ihr die Kerne schimmern sehen. Die Kerne, aus denen neue Weinstöcke wachsen. Aber dafür alleine sind die Beeren nicht gewachsen. Zum Essen sind sie da oder zum Saftmachen. Wenn das nicht geschieht, dann verfaulen sie.

Jetzt steckt die Beere in den Mund und zerbeißt sie langsam. Spürt die Süße des Saftes, spürt das Fruchtfleisch, die Kerne und die Schale. Spürt, wie gut die Beere aus Gottes guter Schöpfung schmeckt. Vielleicht habt ihr gespürt, wie die Schale der Beere geplatzt ist, und dass man dafür auch etwas fester zubeißen muss. Wenn man eine Handvoll Beeren auf einmal pressen will, braucht das auch ganz schön Kraft.

Jesus hat zu seinen Jüngern gesagt. „Ich möchte für euch werden wie das Brot und der Saft der Trauben. Beides soll euch schmecken, beides tut euch gut, beides braucht ihr zum Leben. So will ich für euch sein."

Nun nehmt euer Glas und genießt den frisch gepressten Traubensaft. Schmeckt, wie köstlich er ist.

Gabenbereitung

Unser täglich Brot gib uns heute, so bitten wir im Vaterunser. Wir wissen, dass es ein langer Weg ist vom Korn zum Brot. Wir staunen, wie viel nötig ist, damit ein Brot entsteht. Alles, was dazu nötig ist, bringen wir nun zum Altar.

Das Korn
Ich bringe das Getreide. Viele einzelne Körner, vom Bauer in die Erde gesät; unter Sonne und Regen gewachsen und gereift; vom Bauer geerntet.

Christus spricht: „Wenn das Weizenkorn nicht in die Erde fällt und stirbt, bleibt es allein. Wenn es aber stirbt, bringt es viel Frucht."

Das Wasser
Ich bringe das Wasser für das Brot. Ohne Wasser gibt es kein Leben. Wasser verbindet die gemahlenen Körner zu einem Teig.

Christus spricht: „Wer an mich glaubt, wie die Schrift sagt, von dem werden Ströme lebendigen Wassers fließen."

Der Sauerteig

Ich bringe den Sauerteig. Darin steckt die Kraft der Verwandlung, die von außen dazukommt. In der Stille und Ruhe entfaltet sich die Stärke des Getreides.

Christus spricht: „Das Himmelreich gleicht einem Sauerteig, den eine Frau nahm und unter einen halben Zentner Mehl mischte, bis es durchsäuert war."

Das Feuer

Ich bringe das Feuer. Ohne Feuer und die Glut im Ofen gibt es kein Brot. Das Feuer im Ofen ist heiß, aber es verbrennt den Teig nicht. Er erfährt seine letzte Verwandlung. Er wird Brot.

Christus spricht: „Ich bin das Licht der Welt. Wer mir nachfolgt, wird nicht in der Finsternis wandeln, sondern wird das Licht des Lebens haben."

Brot und Traubensaft

Wir bringen die Brote. Brot brauchen wir zum Leben. Brot können wir teilen, dann kann es seine Kraft entfalten. Das Brot ist Zeichen für Jesus Christus.
Und ich bringe einen Krug mit Saft. Essen und Trinken gehören zusammen. Beides brauchen wir.

Als Stärkung für unser Leben und unseren Glauben feiern wir das Abendmahl. In den Gaben Brot und Saft feiern wir Gottes Gegenwart, stärken uns und unsere Gemeinschaft.

Asche

Und noch etwas gehört zum Abendmahl: die Vergebung.
Wir haben am Freitag Briefe an Jesus geschrieben. Darin haben wir all das geschrieben, was uns Leid tut, was wir falsch gemacht haben. Die Briefe haben wir dann verbrannt, als Zeichen dafür, dass Gott uns durch Jesus unsere Schuld vergibt.
Ich bringe die Asche als Zeichen unserer Schuld. Wir dürfen sie vor Gott ablegen und darauf vertrauen, dass er sie uns vergibt.

So können wir jetzt befreit und fröhlich miteinander Gottes Einladung folgen und sein Mahl feiern.

2. Abendmahl (Wochenende)

Einführung

In vier Einheiten, die sich am besten auf ein Wochenende verteilen lassen, werden die Kinder in die Feier des Abendmahls eingeführt. Dieser Entwurf folgt dabei jener neutestamentlichen Herleitung des Abendmahls, die die christliche Mahlfeier als Neudeutung des Passahmahls versteht. Der Entwurf arbeitet mit den Themen: Vergebung/Versöhnung – Gemeinschaft – Fest.

Erfahrungen aus der Lebenswirklichkeit der Kinder (Streit und Versöhnen; Feste feiern) werden auf elementare biblische Geschichten bezogen: Zachäus, Einsetzung des Passahmahls, Einsetzung des Abendmahls.

Die einzelnen Einheiten sind durch Lieder und Spiele zu ergänzen.

Der Entwurf zielt auf einen festlichen Abendmahlsgottesdienst, den die Kinder durch ihre Beiträge wesentlich mitgestalten und in dessen Verlauf sie selbst zum ersten Mal am Mahl teilnehmen. Sie schmücken den Altar, backen das Brot selbst, stellen den Traubensaft selbst her, üben Lieder ein und bringen eigene Gebete mit.

Ein „Tagebuch" sollte vorbereitet sein mit den Bildern und Liedern und mit Platz, um darin selbst zu malen und zu schreiben.

1. Teilschritt: Vergebung und Versöhnung
Stuhlkreis
Ziel: Konflikte lassen sich lösen, wenn man aufeinander zugeht.
– Geschichte aus der Lebenswirklichkeit der Kinder, z.B. Willi Fährmann, Spaghettifresser, aus: Jutta Modler (Hg.), Frieden fängt zu Hause an. Geschichten zum Lesen und Weiterdenken, dtv 1989, 122–126 (vgl. Seite 62).
– Geschichte nacherzählen, Schluss offen lassen.
– Kinder übernehmen Rollen und spielen die Geschichte zu Ende
– Gespräch über Konfliktlösungen.

Gruppenarbeit
Ziel: Die Kinder sollen erkennen, dass Jesus Vergebung und Neuanfang gewährt. Sie sollen die Tischgemeinschaft als Zeichen der Vergebung erkennen.
– Die Erzählung von Zachäus (Lk 19,1-10) wird eingebracht.
– Die Kinder malen Bilder zur Zachäusgeschichte. Alternativ werden Bilder zu Zachäus gezeigt.

2. Teilschritt: Wie Jesus das Abendmahl einsetzt
Stuhlkreis
Ziel: Die Kinder sollen erkennen, warum Menschen Feste feiern. Sie sollen so an das Verstehen des Passahmahles herangeführt werden.
1. Festtage bedeuten Erinnerung, Dank und zugleich Wünsche an die Zukunft.
– Die Kinder sammeln „Feste" und erzählen davon.
– Sie sortieren die Feste nach Intentionen: Erinnerung, Dank, Wünsche an die Zukunft.

2. Die Erzählung vom Passahmahl

Ziel: Die Kinder sollen die Bedeutung und den Inhalt des Passahfestes als einer „ätiologischen Begehung" kennen lernen.
- Die Erzählung vom Passah-Mahl wird vorgelesen (Vorschlag: Neukirchener Kinderbibel).
- Erarbeitung durch Nacherzählen, Nachspielen, Dias zeigen, Film drehen ...
- Strukturieren: Woran erinnert das Fest? Was gehört dazu? Was bedeuten die Speisen?

3. Das Abendmahl Jesu

Ziel: Die Kinder sollen verstehen, dass Jesus dem Passahfest eine neue Bedeutung gibt.
- Die Bildergeschichte von Tiki Küstenmacher, Chris, die Kerze und die Geschichte vom Abendmahl (Calwer 1985, als Folien oder Kopien).
- Gespräch und Deutung: Auch Jesus feiert das Passah-Fest. Jesus gibt dem alten Brauch eine neue Deutung. Jesus deutet Brot und Wein neu.

4. Gemeinschaft – wir sind eingeladen

Ziel: Im Kontrast-Erlebnis der verschiedenen Gruppenspiele sollen die Kinder erleben, wie gut es tut, in einer Gemeinschaft einen Platz zu haben.
- Gruppenspiele, die „ausschließen"
- Gruppenspiele, die einladen und verbinden.

3. Teilschritt: Die liturgische Gestaltung der Mahlfeier – Vorbereitung

Stuhlkreis

Ziel: Die Kinder sollen erkennen, dass Jesus selbst die Gabe ist. Dieses Ziel knüpft an das gewonnene Verständnis an: Warum wir feiern? Was zur Feier dazu gehört? Was bedeuten die Speisen?
- Die Elemente, die zur Mahlfeier gehören werden vorgestellt: Tischschmuck, Brot und Wein/Traubensaft, Lieder, Gebete, Deute-Worte ...
  Materialien: Verschiedenes zum Gestalten von Tischschmuck, Zutaten für Brot, Trauben und Gerät zum Entsaften (notfalls Stoffwindel mit den Zipfeln über die Füße eines umgekehrten Hockers binden; Trauben kochen, zerkleinern und durch die Windel abtropfen lassen).

Gruppenarbeit

Ziel: Die Kinder sollen erfahren, dass gottesdienstliche Gemeinschaft davon lebt, dass viele sich an der Gestaltung beteiligen.
- In Gruppen bereiten die Kinder den Gottesdienst vor: Tischschmuck für den Altar, Brot backen, Traubensaft herstellen, Lieder einüben, Gebete formulieren.

4. Teilschritt: Gottesdienst mit Mahlfeier

Bei der Feier des Gottesdienstes werden die Kinder vorgestellt. Sie schmücken den Altar und bringen Brot und Traubensaft und beteiligen sich mit Liedern und Gebeten.

Themen 2. Abendmahl (2)

Spaghettifresser

Frau Sulzbacher hatte in der großen Pause die Aufsicht auf dem Schulhof. Aus der Ecke am Toilettengebäude schallte es im Chor: „Spaghettifresser Tonio hat Wanzen, Läuse und 'nen Floh!"

Sie lief auf die Kinder zu, die in einer Traube um Tonio Zuccarelli herumstanden und ihn in die Ecke gedrängt hatten.

Tonio hatte die Fäuste in die Hosentaschen gesteckt, die Schultern hochgezogen und starrte auf den Boden. Er war einen Kopf größer als die anderen Kinder der 3. Klasse.

„Spaghettifresser ...", stimmte Kalle Blum erneut laut den Spottvers an.

„Schluss jetzt!", rief Frau Sulzbacher und drängte die Kinder auseinander. „Es ist sehr hässlich von euch", tadelte sie ihre Klasse, „den Tonio immer wieder zu ärgern."

„Es macht Spaß, wenn er wütend wird", sagte Kalle Blum.

„Dann sieht er aus wie ein Hund, wenn er eine Katze riecht", rief Sylvia.

„Still jetzt. Kein Mensch sieht aus wie ein Hund."

„Doch", widersprach Sylvia, „wenn Tonio die Wut kriegt, dann sieht er aus wie unser Hund."

„Genau so sieht er aus", bestätigte Kalle, obwohl er Sylvias Hund noch nie gesehen hatte. Kalle hatte Wut auf Tonio. Bevor „der Itaker" in die Klasse gekommen war, war Kalle der Stärkste gewesen. Tonio war stärker. Und Papa Blum sagte es auch: „Die Spaghettis nehmen uns hier nur die Arbeitsplätze weg."

Warum musste Frau Sulzbacher den Itaker auch ausgerechnet an Kalles Tisch setzen? Papa hatte auch gesagt: „Die Ausländer, die sollten sie in die deutschen Klassen gar nicht erst rein lassen."

Nach der Pause machte Frau Sulzbacher einen Vorschlag. „Weil Adventszeit ist, wollen wir ein schönes Spiel machen", sagte sie. „Ich habe auf kleine Zettelchen die Namen aller Kinder in der Klasse aufgeschrieben, jeder darf ein Namenszettelchen ziehen. Keiner soll verraten, welchen Namen er gezogen hat."

„Zu niemand darf man das sagen?", fragte Sylvia.

„Zu niemand. Denn ihr könnt für das Kind, dessen Namen ihr gezogen habt, ein Wichtel sein."

„Wichtel? Was ist das denn?", schrien die Kinder durcheinander.

„Ich habe den Namen und das Spiel nicht erfunden", sagte Frau Sulzbacher. „Aber ich kann euch erklären, was es bedeuten soll. Für jeden Tag muss ein Wichtel überlegen, wie er dem anderen eine Überraschung bereiten kann. Alles muss ganz heimlich geschehen. Niemand darf sagen, wem er in der Adventszeit kleine Freuden machen will."

„Quatsch", sagte Kalle, „Wichtelei, so'n Quatsch!"

„Kein Quatsch", widersprach Frau Sulzbacher. „Freude wird doppelt schön, wenn man sie weitergibt."

„Und wenn ich den Namen von dem da ziehe? Soll ich dem etwa jeden Tag etwas zustecken?" Kalle zeigte dabei auf Tonio.

Das wäre für den Kalle ganz gut, dachte Frau Sulzbacher.

Aber Kalle zog nicht Tonios Zettel. Auf seinem Blatt stand Michael.

Am ersten Tag fand Kalle in seiner Anoraktasche ein Zimtplätzchen. Wer wusste, dass er Zimtplätzchen am liebsten aß? War es sein Freund Hannes, der ihn beschenkte? Am zweiten Tag entdeckte er in seinem Etui ein Sammelbildchen von dem berühmten brasilianischen Fußballstar Pele. Genau dieser fehlte ihm. Der Wichtel musste Kalle genau kennen. Wer war es?

An den folgenden Tagen bekam er lauter Kleinigkeiten, die er schon lange haben wollte: einen Bleistiftspitzer in einer kleinen Weltkugel, einen riesigen Kaugummi, eine winzige Glaskugel, einen Angelhaken und einmal sogar etwas, worüber die ganze Klasse staunte. Kalle hatte arglos in seine Tasche gefasst und war erschreckt zurückgefahren. In der Tasche bewegte sich etwas. Vorsichtig zog er ein kleines, braunes Knäuel heraus, das sich als junger Goldhamster entpuppte.

Jetzt konnte Kalle es vielleicht herausbekommen, wer ihn beschenkte. Wer hatte zu Hause Goldhamster? Aber so sehr er auch forschte, er kam nicht weiter. Hannes besaß zwar einen Goldhamster, aber wer hat schon gehört, dass ein Hamsterbock Junge bekommt?

Am allerletzten Schultag vor den Weihnachtsferien ahnten die meisten Schüler, wer ihr Wichtel gewesen war. Es war eine schöne Zeit des Ratens und der Überraschungen gewesen. Nur Kalle hatte immer noch keinen Schimmer, wer ihn beschenkt hatte. Da fand er nach der großen Pause einen herrlichen Satz italienischer Briefmarken in seinem Schreibheft. Briefmarken? Italienische? Kalle blickte zweifelnd zu Tonio hinüber. Der schaute ihn ängstlich an.

„Du, Spaghettifr ...?"

Kalle schluckte. „Du warst das, Tonio?"

Tonio nickte.

„Mensch!", sagte Kalle. Er kam sich gemein vor. „Danke", sagte er.

„War schön", antwortete Tonio.

Am Heiligen Abend brachte der Briefträger eine riesengroße Weihnachtskarte für Schüler Tonio Zuccarelli.

„Lieber Tonio! Fröhliche Weihnachten wünscht dir von ganzem Herzen Kalle", stand darauf.

Tonio heftete die Karte mit einer Nadel an die Tapete über seinem Bett.

Willi Fährmann

3.   Beten (Gott vertrauen – Daniel)

Ziel: Eine spannende Geschichte, zusammenhängend den Kindern vorgelesen, zeigt ihnen ein Leben mit Gott in allen Situationen. Das Lebensmotto von Daniel – zuerst nach Gott und seinen Geboten fragen, mit dieser Einstellung alles andere beurteilen und dann erst entscheiden, wie gehandelt wird – zeigt auch eine große Unabhängigkeit und Freiheit von anderen Menschen. Eine Übertragung für die Kinder heute kann sein: Wie geht man mit Gruppendruck (Kleidung, Meinungen, bestimmtes Spielzeug, das gerade „in" ist ...) um? Auf welcher Grundlage entscheidet man?
Als biblischer Text wurde die Neukirchener Kinder-Bibel (KB) gewählt.
Anlagen: Für die Kinder vier Bilder zur Danielsgeschichte zum Ausmalen (vgl. Seite 78–79).

1. Teilschritt: Ein Leben im Vertrauen auf Gott

1. Ersten Teil der Danielgeschichte vorlesen (KB, Nr. 77–78)
Zur eigenen Information lesen Sie bitte in der Kinderbibel die Einführung zur Danielgeschichte (KB, 299f.).
Beim Vorlesen können sich die Kinder vielleicht auf ihren Stühlen oder auf dem Boden zurecht kuscheln und sich so auf eine längere Erzählung einlassen. Wenn die Kinder noch mehr hören wollen, kann man ruhig den zweiten Teil anschließen (KB, Nr. 79–80). Die folgenden Schritte werden dann einfach in die nächste Stunde integriert.
2. Die Beziehung zu Gott ist wichtig – Daniels „Leitsatz"
Im Gespräch erarbeiten, was für Daniel wichtig war. Miteinander heraussuchen, bei welchen Gelegenheiten Daniel sich für Gott entschieden hat und welche Auswirkungen das hatte. Warum war für Daniel die Beziehung zu Gott so wichtig?
3. Bilderarbeitsbögen
Die vier Bilder (vgl. Seite 78–79) werden an die Kinder ausgeteilt. Die Kinder können die Bilder ausmalen und zu einem Leporello zusammenkleben. Durch ihr Malen wiederholen sie die wesentlichen Aspekte der Danielsgeschichte.

2. Teilschritt: Wie geht es mit Daniel weiter – Feuer und Löwen

1. Wiederholen der Danielgeschichte anhand der Bilder
2. Zweiten Teil der Danielgeschichte vorlesen (KB, Nr. 79–80)
3. Gebete Daniels
Wir überlegen uns, was wir wohl gebetet hätten, wenn wir Daniel und seine Freunde wären. Solche Gebete schreiben wir auf ein großes Blatt Papier, welches in der Mitte des Tisches liegt. Nach einem Gespräch darüber können die Kinder ein Gebet, das ihnen gefällt, abschreiben und ein passendes Bild der Danielgeschichte dazu malen.
4. Löwenmaske basteln (aus Pappteller, gelbem Krepppapier, Wolle [als Mähne], Gummiband zum Befestigen)

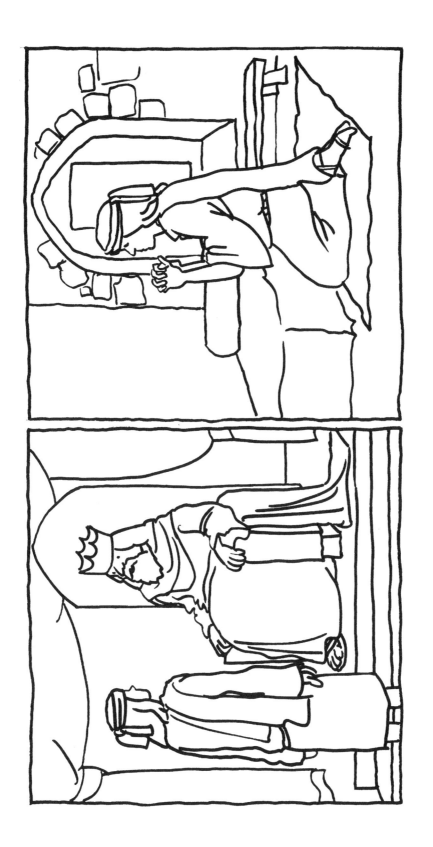

Themen   3. Beten (Gott vertrauen – Daniel)

4. Beten

Ziel: In dieser Einheit „Beten" geht es nicht so sehr um Vermittlung von irgendwelchen Wissensinhalten. Es geht vielmehr darum, mit den Kindern in ein offenes Gespräch über ihre eigenen Erfahrungen mit dem Beten zu kommen. Auch steht ein gemeinsames Einüben in die Stille des Betens im Vordergrund. In Kindergebetbüchern finden sich viele gute Gebete; vielleicht lassen Sie einmal das ein oder andere Kind sich ein Gebet davon aussuchen und dieses gemeinsam mit den anderen beten. Auch im Gesangbuch stehen sehr ansprechende Kindergebete (EG 902-914 Mit Kindern beten). Vgl. auch C 3 Gebetsvorschläge.

1. Teilschritt: Wie kann ich beten?

Arbeitsblätter:
– für die Kinder: Mein Gebet (vgl. Seite 66); Zahlenrätsel (vgl. Seite 71)
– für die Mitarbeiterinnen und Mitarbeiter: Geschichte „Glaube mir, das hat geholfen" (vgl. Seite 67); Geschichte „Beppo" (vgl. Seite 68); Vaterunser mit Bewegungen (vgl. Seite 72).

1. Stilleübung:
Wir setzen uns um einen Tisch, der leer sein sollte, und horchen in den Raum, welche Geräusche noch vorhanden sind (Heizung, Uhr, unser Atem, Autos von draußen ...). Wir stellen eine schöne kleine Schale in die Mitte auf den Tisch und geben sie dann weiter von Hand zu Hand, so dass sie jeder einen Moment still halten kann. Dann stellen wir sie wieder zurück und halten unsere Hände so wie eine Schale. Bei der Betrachtung der Hände und auch der Schale treffen wir dann wieder laut Aussagen, wie die Schale ist: Die Schale ist leer, rund, schön, offen, still ... Wir stellen eine Kerze in die Schale und zünden sie an. Dann schließen wir mit einem Gebet, z.B.:

> Guter Gott,
> wir sind miteinander versammelt.
> Unsere Hände werden still.
> Unsere Hände sind offen. *(Hände zu einer Schale formen)*
> Jetzt sind sie wie eine Schale.
> Was haben wir mit unseren Händen heute alles getan,
> was haben wir empfangen, gehalten, getragen, gegeben ...!
> Den ganzen Tag vertrauen wir dir an, guter Gott.
> Du willst in unserer Mitte sein.
> Bleibe bei uns
> und lass uns immer in Frieden miteinander hier versammelt sein.
> Amen.

2. Wiederholung und Überleitung zum Thema Beten
Wir erinnern uns an die Danielgeschichte und daran, wie Daniel gebetet hat (vgl. Thema 3). Damals gab es verschiedene Vorschriften zum Beten: Dreimal

am Tag, in Richtung Jerusalem blickend. Es gab auch feste Gebete, die immer wieder gebetet wurden (z.B. Schma, Israel ... Höre, Israel, dein Gott ist ein Einziger ...). Was gibt es bei uns für Gebetsformen? Die Kinder sammeln lassen, wann sie beten (vor dem Essen, abends beim Schlafengehen, in der Kirche, wenn sie Angst haben, wenn sie sich freuen, wenn sie sich für etwas bedanken wollen ...) und wie sie beten (Hände falten, Augen schließen, stehend oder sitzend). Vielleicht kennen die Kinder auch andere Gebetsformen, z.B. wie die Muslime im Knien auf einem Teppich. Das Gespräch ist dahin zu führen, dass man in allen Lagen und Haltungen beten darf und oben genannte Vorschriften eher eine Hilfe zur Konzentration sind.

3. Geschichte vorlesen und besprechen
Entweder „Glaube mir, das hat geholfen" (vgl. Seite 67) oder „Beppo" (vgl. Seite 68). Beachten Sie die Hinweise zur Erarbeitung in der Geschichte.

4. Wie formuliert man ein Gebet?
Zurückkehren zur Danielgeschichte: Er hat Gott erzählt, worüber er sich freute, worüber er traurig war, wovor er Angst hatte, was er sich wünschte.
So können auch wir unsere Gebete formulieren: Einfach Gott alles erzählen, was für uns im Moment wichtig ist. Eine äußere Struktur erleichtert das Erzählen. Deshalb als Anleitung das Arbeitsblatt „Mein Gebet" (vgl. Seite 66) kurz besprechen und dann ausfüllen lassen.
Eine weitere mögliche Erarbeitung ergibt sich aus dem Zahlenrätsel (vgl. Seite 71). Der Lösungssatz heißt: „Du kannst Gott alles sagen."

2. Teilschritt: Wie kann ich beten?

Arbeitsblätter für die Kinder: Papierblume (vgl. Seite 73); Minigebetswürfel (vgl. Seite 74); Gebets-Pinnwand (vgl. Seite 75); Beten als Weg nach innen (vgl. Seite 76)

1. Stilleübung – Was kommt zur Entfaltung?
Jeder bekommt eine Papierblume (vgl. Seite 73), die Blätter sind schon eingeschnitten bis zum Kreisrand in der Mitte. Das, was jedes Kind heute Gott erzählen möchte (kurzes Stichwort wie: Dank für gute Zensur, Ärger mit der Mutter, Trauer über ein kaputtes Spielzeug, Freude über den Schnee ...), soll es mit Kugelschreiber in die Mitte schreiben und dann die Blütenblätter nacheinander in die Mitte knicken. Alle Blumen werden auf ein oder zwei große Wasseroberflächen gelegt (großes, flaches Tablett) – abwarten, wenn es geht schweigend (!), und wahrnehmen. Vielleicht kann man mit einem freien Gebet, welches die aufgeschriebenen Dinge der Kinder aufgreift, die Stilleübung beenden.
Alternative Stilleübung
Die Kinder legen sich auf den Boden, schließen die Augen und versuchen, ganz ruhig und still zu werden. Das kann man unterstützen, indem man verbal alle Körperteile durchgeht und sie ganz bewusst zu spüren versucht (kurze Hinweise: Muskeln spannen und anspannen lassen). Sie lesen dann (ruhig und lang-

Mein Gebet

Gott, ich freue mich, dass

_____

_____

_____

_____

Gott, ich danke dir dafür.

Gott, ich bin traurig, dass

_____

_____

_____

Gott, lass mich bitte nicht allein.

Gott, ich bitte dich, dass

_____

_____

_____

Gott, danke, dass du mir zuhörst.

sam, aber nicht einschläfernd) ein etwas längeres Gebet für Kinder vor (vgl. z.B. Kindergebetbücher).

2. Minigebetswürfel basteln
(vgl. Seite 74) Gebetswürfel kopieren, Gebete (am besten eigene) auf die einzelnen Felder schreiben, ausschneiden, falten und zusammenkleben.

Alternativen:
– Eine Gebetspinnwand (vgl. Seite 75) gestalten.
– Eine Meditation über den Weg nach innen (vgl. Seite 76).

Glaube mir, das hat geholfen

Einmal ist Rolf allein in den Wald gegangen, der gleich hinter Großvaters Haus anfängt. Er wollte Sachen suchen zum Basteln – Stöckchen und Tannenzapfen und Eicheln und seltsam geformte Wurzeln. Daraus wollte er kleine Waldmännchen basteln. Er wusste schon genau, wie sie aussehen sollten.

Er ging den Weg entlang bis zu der großen Eiche. Dort sammelte er Eicheln auf. Sonst war auf dem Weg nichts weiter Nützliches zu finden. Darum ging Rolf quer zwischen den Bäumen hindurch, die Augen immer auf den Boden geheftet. Da entdeckte er allerlei interessante Dinge: Pilze, die eng beieinander standen und die Köpfe zusammensteckten, als hätten sie ein Geheimnis. Und rote und blaue und grüne Beeren. Und kleine Käfer, die eilig vor ihm davonliefen. Und Baumstümpfe, mit grauem Moos überwuchert, als wären ihnen Bärte gewachsen. Und dazwischen Sammelsachen, die Rolf für seine Waldmännchen brauchen konnte. Die Plastiktüte, die er mitgenommen hatte, füllte sich und wurde ordentlich schwer.

Auf einmal entdeckte Rolf einen riesigen Ameisenhaufen. So einen großen hatte er noch nie gesehen. Er schaute zu, wie die kleinen Krabbeltiere eilig auf ihrer Ameisenstraße hin und her liefen. Sie schleppten Samenkörnchen, kleine Gräser und Holzstückchen mit sich. Was für ein Gewimmel und Gewusel! Rolf wollte sich eine Ameise merken und sehen,wo sie hinging und was sie machte. Aber er konnte gar nicht so schnell schauen, wie sie zwischen all den anderen davonwimmelte. War es die? Oder diese? Rolf rieb sich die Augen. Er suchte sich eine andere Ameise aus. Aber sie war in der Menge verschwunden, ehe er einmal geblinzelt hatte.

Inzwischen war hinter den Bäumen die Sonne untergegangen. Als Rolf endlich weiter ging, sah der Wald auf einmal ganz anders aus. Lange Schatten wuchsen zwischen den Bäumen. Und die Büsche bewegten sich und hatten Gesichter. Rolf stolperte über eine Wurzel und wäre beinahe hingefallen. Er blieb stehen und lauschte ängstlich. Überall knackte und knisterte und raschelte es.

Wenn doch Großvater hier wäre! Mit Großvater war Rolf schon oft im Dunkeln durch den Wald gegangen. Großvater hielt ihn dann an der Hand, und sie sangen miteinander.

„Singen ist gut gegen die Angst", sagte Großvater. Er hatte als kleiner Junge einen langen, einsamen Schulweg gehabt. „Manchmal habe ich den ganzen Weg über gesungen", erzählte er. „Und weißt du, was ich gemacht habe, wenn ich ganz schlimme Angst hatte? Dann habe ich laut gebetet. Glaube mir, das hat geholfen!"

Kra, kra, machte es hinter Rolf. Ein Vogel flog auf. Er klatschte mit den Flügeln. Rolf erschrak. Sein Herz klopfte, und er fühlte, wie seine Hände feucht wurden. „Lieber Gott", betete er, „mach, dass ich wieder aus dem Wald herauskomme!"

Er ging weiter und hob vorsichtig die Beine über Wurzeln und Gestrüpp.

„Großvater hat bestimmt lauter gebetet", dachte er und versuchte es noch einmal und immer wieder, ohne aufzuhören. Denn solange er betete, hörte er das Rascheln und Knacken und Knistern nicht und all die seltsamen Geräusche, die ihm Angst machten.

„Lieber, lieber Gott, hilf mir, dass ...“

Da sah er plötzlich die große Eiche. Und da war der Weg. Jetzt wusste er, wie es weiterging. Er lief, so schnell er konnte. Weiter vorne war der Wald zu Ende. Und da stand Großvaters Häuschen. In der Küche brannte Licht. Rolf rannte quer über die Wiese und hielt erst an, als er vor der Haustür stand. Aber bevor er hineinging, schaute er noch einmal zurück zum Wald, der sich dunkel gegen den Abendhimmel abhob, und sagte: „Danke, lieber Gott!"

Er sagte es ganz leise. Es war nur ein Flüstern in seinem Kopf. Dann atmete er tief durch und trat ins Haus.

Ilse Jüntschke

Beppo

Alle Kinder waren in der Schule. Nur Beppo, acht Jahre alt, stand mutterseelenallein auf einem Hügel und starrte angestrengt zum Himmel hinauf. Dort oben war ein winziger, roter Punkt. Seinetwegen hatte Beppo die Schule geschwänzt. Es war ein roter Luftballon. Beppo hatte zwanzig Lire geopfert, um ihn kaufen zu können. Das war eine Menge Geld für Beppo! Trotzdem hatte er den Luftballon gekauft – nur so, zum Davonfliegen?

Beppo hatte niemandem davon erzählt, was er damit anfangen wollte. Heimlich hatte er einen Brief geschrieben und ihn an der Schnur des Luftballons angebunden. und als alle Kinder in der Schule waren, hatte er sich fortgeschlichen, um auf dem Hügel seinen Luftballon steigen zu lassen. Hoffentlich würde der Wind die Botschaft nicht abreißen!

„Lieber Gott", stand mit großen Buchstaben auf dem Zettel geschrieben, „in ein paar Wochen bekomme ich einen kleinen Bruder. Wir sind sechs Kinder, und meine Eltern haben wenig Geld. Der Kleine muss mit Pedro und mir zusammen schlafen, weil wir nicht genug Bettzeug haben. Bitte, lieber Gott, mach doch, dass ich dem kleinen Bruder einen Strohsack mit Bettzeug zurecht machen kann. Es darf ruhig etwas Gebrauchtes sein! Ich wohne in Arcole in Italien. Dein Beppo Sala."

So hatte Beppo geschrieben, und er hoffte, dass der, für den der Zettel bestimmt war, ihn würde lesen können. Und als der kleine rote Punkt in der Höhe verschwunden war, trottete Beppo voll Zuversicht nach Hause: Gott wird helfen.

Hier unterbrechen:
- *Was meint ihr: Wie geht es weiter?*
- *Stellt euch vor: Ihr findet auf einem Feld den Ballon von Beppo mit der Karte dran. Was würdet ihr tun?*
- *Nehmt ein Blatt Papier und schreibt einen Brief an Beppo. Denkt daran, Beppo hatte eine Karte an den lieben Gott geschrieben. Was müsste man Beppo wohl erklären?*
- *Briefe reihum vorlesen und besprechen.*
- *Geschichte zu Ende lesen, Gespräch darüber, auch: Welche Vorstellung von Gott hat Beppo? Wie könnte man sie vielleicht verändern? Was muss Beppo noch lernen?*
- *Ist es falsch, dass Beppo seinen Dank an Gott schickt?*
- *Stellt euch vor: Beppo schickt demnächst wieder einen Ballon mit einer Bestellung los. Was würdet ihr ihm sagen?*

Die nächsten Tage waren für Beppo nicht leicht zu ertragen. Er wartete voll Spannung. Aber nicht das Geringste geschah. Es war, als ob es seinen roten Luftballon niemals gegeben hätte. Das Einzige, was sich ereignete, war, dass er nachsitzen musste, weil er die Schule geschwänzt hatte.

Aber dann geschah doch etwas. Es war am vierten Tag, nachdem er den Luftballon losgelassen hatte. Schon von weitem erkannte Beppo den Paketkarren des Postboten vor seinem Elternhaus. Aufgeregt stürmte er ins Haus. Drinnen fand er die ganze Familie in der Küche versammelt. Mitten auf dem Tisch lag ein Paket. Vater Sala zankte sich mit dem Postboten. Aus dem Stimmengewirr hörte Beppo den Bass seines Vaters heraus. „Du willst Postbote sein, Antonio, und begreifst nicht einmal, dass dieses Paket unmöglich für uns sein kann?"

Der Briefträger rollte die Augen. „Du Dummkopf!", schrie er. „Kannst du nicht lesen? Sala – Familie Sala! Da steht es!"

„Jawohl, so heißen wir. Aber wir kennen niemand in Rovigo. Und geschenkt nehme ich nichts, das weißt du! Nimm das Paket wieder mit!" Und damit versetzte der Vater dem Paket einen Hieb, dass die zwei kleinen Salakinder, die munter auf dem Fußboden herumkrochen, erschreckt unter den Tisch flüchteten.

Beppo hielt es nicht länger aus. „So macht das Paket doch auf!", schrie er, außer sich vor Erregung, „dann werden wir sehen, ob es für uns ist oder nicht!"

Der Lärm verstummte. Unter den buschigen Brauen hervor warf der Vater einen finsteren Blick auf den vorlauten Sohn und überlegte. „Also los!", fuhr er den Postboten an. „Du hörst es doch, öffne!"

Hastig riss der Mann die Schnüre auf. Als er den Deckel zurückschlug, wurde es ganz still in der Küche. Und alle sahen, wie es weiß aus dem Karton herausleuchtete: Windeln, Bettzeug und winzige Kinderwäsche! Nicht gerade nagelneu, aber heil und sauber. Ein Schatz für die Familie Sala! Die Augen der Mutter leuchteten.

War es nicht wie ein Wunder, dass Gott ausgerechnet in Rovigo, fast hundert Kilometer von Arcole entfernt, ein Paket für die Familie Sala zur Post gab?

Ein Glück, dass wenigstens kein Absender angegeben war, dachte Beppo. Nun konnte der Vater das Paket nicht zurückschicken!

Und während der Inhalt des Paketes von Hand zu Hand ging, schlich Beppo sich leise hinaus. Sein Herz war übervoll. Rasch, rasch eilte er zu dem Hügel, wo er vor vier Tagen den roten Luftballon zum Himmel geschickt hatte, und dankte dem gütigen Geber.

Barbara Imgrund

Zahlen-Rätsel

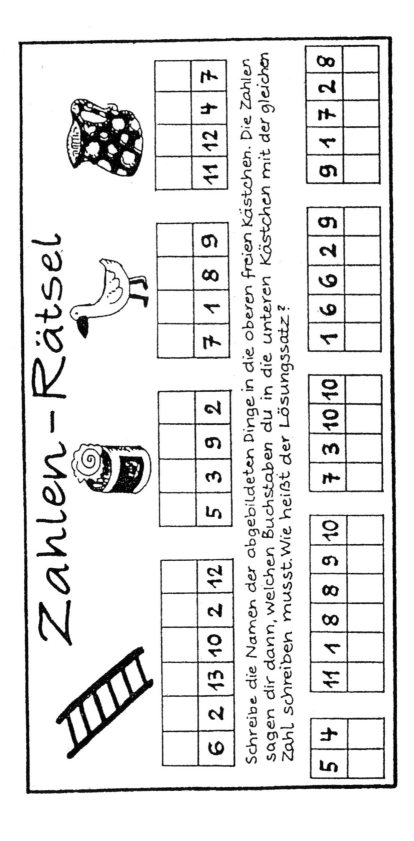

Schreibe die Namen der abgebildeten Dinge in die oberen freien Kästchen. Die Zahlen sagen dir dann, welchen Buchstaben du in die unteren Kästchen mit der gleichen Zahl schreiben musst. Wie heißt der Lösungssatz?

				11	12	4	7

			7	1	8	9

			5	3	9	2

				6	2	13	10	2	12

9	1	7	2	8

1	6	6	2	9

7	3	10	10

11	1	8	8	9	10

5	4

Vater unser
im Himmel,

*Hände falten,
zum Kreuz
schauen*

geheiligt werde
dein Name.

*Arme
hochhalten*

Dein Reich
komme.

*mit beiden Händen
Bewegung des Kommens*

Dein Wille gesche-
he, wie im Himmel
so auf Erden.

*Armbewegung nach oben
und auf den Boden*

Unser täg-
liches Brot
gib uns
heute.

*Hände als
Schale halten*

Und vergib
uns unsere
Schuld,

*Hände
gekreuzt auf
der Brust*

*einan-
der die
Hand
geben*

wie auch wir
vergeben
unseren
Schuldigern.

Und führe uns
nicht in Versu-
chung,

*abweh-
rende
Haltung*

sondern erlöse
uns von dem
Bösen.

*Hände
gefaltet*

Denn dein ist das
Reich und die Kraft
und die Herrlichkeit
in Ewigkeit. Amen.

*mit den Armen langsame Bewegun-
gen einer großen Kugel machen*

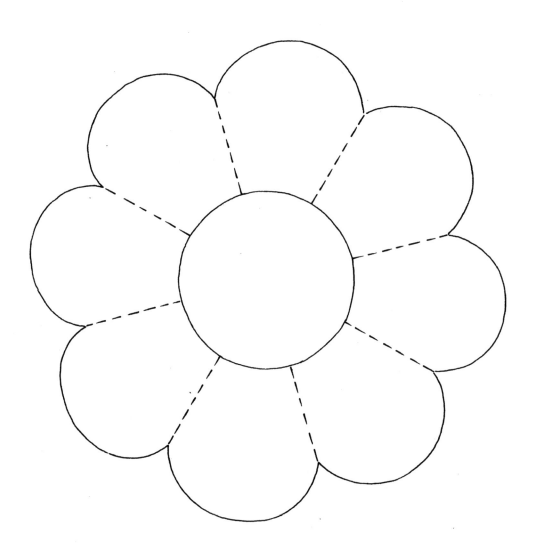

Gestalte eine eigene Gebetspinnwand
in deinem Zimmer.

Wie wir beten können

Beten ist wie ein Weg nach innen
und wieder hinaus.

Nach innen: Wir hören in uns hinein.
Nach außen: Wir sagen Gott, wie wir uns fühlen.

5. Exodusgeschichten – Der Auszug aus Ägypten

Der Entwurf eignet sich für eine Wochenendfreizeit; für eine einzelne Unterrichtsstunde muss die folgende Fassung sehr gerafft werden.

1. Erzählpantomime:
Die Geschichte vom Auszug Israels aus Ägypten mit folgenden Schwerpunkten frei nacherzählen und von den Kindern während der Erzählung darstellen lassen (zu besetzende Rollen: Pharao, Mose, Mirjam, Israeliten, Ägypter, Sklaventreiber):
- Die Not der Sklaverei
- Die Beauftragung des Mose
- Mose vor dem Pharao
- Die Plagen (eine exemplarisch darstellen, die anderen kurz erwähnen oder auch weglassen). Dazu passt das Mückenplagenspiel: Die Kinder werden in zwei Gruppen aufgeteilt: Mücken und Ägypter. Die „Mücken" gehen mit gespitztem Zeigefinger und wildem Gesumme auf die Ägypter los und stechen pausenlos zu. Dann Rollenwechsel.
- Die Nacht des Aufbruchs: Die Kinder sitzen in Kleingruppen auf dem Boden, erhalten ein Stück Fladenbrot mit Wurstscheibe („Lammfleisch") und einen Becher mit Saft als „Mahl des Aufbruchs".
- Auszug: Danach ziehen alle Kinder hinter „Mose" und „Mirjam" her, werden bald von den „Ägyptern" verfolgt.
- Durchzug durch das Rote Meer: Ein Schwungtuch liegt bereit, notfalls auch aneinander geheftete Tücher. Das Schwungtuch wird angehoben – das Meer macht den Weg frei. Das Schwungtuch begräbt die hinterher eilenden „Ägypter" unter sich.
- Siegeslied der Mirjam, etwa: EG (RWL) 680 oder Nr. 167 im Kindergesangbuch aus dem Claudius Verlag.

2. Intensivierungsphase:
- Bildbetrachtung: Die Kinder betrachten ein Bild und kommentieren es mit dem vorher Erlebten. Dazu finden wir folgendes Bild geeignet: Kursbuch Religion 5/6, Calwer Verlag 1997, 93, aus: Laubi, Fuchshuber, Kinderbibel, Kaufmann Verlag, Lahr.
- Malen: Die Kinder malen ein Bild: „Malt, was ihr eben erlebt habt, allein oder in kleinen Gruppen." Die fertigen Bilder werden als kleine Galerie an die Wand gehängt.
- Singen: „Als Israel in Ägypten war" (Stefan Hansen), Kindergesangbuch Nr. 168.
- Spielen: Ein Fangspiel mit Freischlagen.

Auf einer Freizeit würden wir das „Mahl des Aufbruchs" ausgestalten mit selbst gebackenem Brot und weiteren Elementen und Ritualen des Passahmahls. Für den Abend empfehlen wir das Video: „Der Prinz von Ägypten", DreamWorks Pictures.

6. Gemeinde – unsere Kirche

Ziel: Kennenlernen der Kirche als Gebäude und als Gemeinschaft in Jesu Auftrag.

1. Teilschritt: Unsere Gruppe als ein Teil der Kirchengemeinde

Ziel: Kennenlernen innerhalb der Gruppe.
Arbeitsbogen: – Bastelanleitung Kinderkette (vgl. Seite 85)

1. Wir lernen uns kennen
– Gruppe kennt sich nicht: Vorstellungsrunde und anschließend Kennenlernspiele (Mein rechter Platz ist frei, Fremde Stadt, Zipp-zapp ...).
– Gruppe kennt sich: Vorstellungsrunde für die Mitarbeiter, Spiel „Fang den Besenstiel"

2. Warum sind wir hier?
Wir treffen uns hier zum KU 3. Warum? Was wollen wir hier? Was erwarten wir voneinander? Die Kinder in ein Gespräch verwickeln und ihnen dabei deutlich machen, wofür sie jetzt ein Jahr lang kommen: 1. In die Gemeinde hinein wachsen, miterleben, wer noch dazu gehört, und gemeinsam feiern. Deshalb ist auch der Kindergottesdienstbesuch zentral! 2. Eine Möglichkeit haben, christliche Gemeinschaft im kleinen Kreis zu erleben. 3. Zentrale Inhalte christlichen Glaubens kennen lernen. 4. Gespräche über eigene Glaubensvorstellungen und -fragen führen können. 5. Vertraut werden mit Kirche. 6. Verständnis der eigenen Taufe. 7. Kennenlernen wichtiger Texte (vor allem) des NT. 8. Christliches Liedgut aneignen.

3. Etwas herstellen, was die Zusammengehörigkeit in der Gruppe deutlich macht (alternativ)
– Kinderkette: Jedes Kind bekommt einen Bastelbogen (vgl. Seite 85), schneidet, klebt und faltet. Danach werden die Männchen mit einem Schneidevorgang ausgeschnitten. So ergeben sich sechs Männchen (bei mehr Kindern in der Gruppe können weitere Streifen aneinander geklebt werden). Danach werden die Figuren entsprechend der anwesenden Kinder angemalt (genau hinsehen. Augenfarbe, Ringelpulli ...). Auf die Rückseite werden die Namen, Anschriften, vielleicht auch Weiteres geschrieben (Lieblingsspeise, -schulfächer, -tiere ...).
– KoKids: Ein Kind legt sich auf eine ausgerollte Tapete auf den Boden. Seine Umrisse werden mit einem breiten Filzstift nachgezogen. Je zwei arbeiten dann zusammen und versuchen, in einer bestimmten Zeit möglichst viel von dem anderen in Erfahrung zu bringen und in die Umrisszeichnung hinein zu schreiben oder zu malen (Name, Anschrift, Alter, Lieblingssport, -musik, -essen, Hobbys ...). Danach werden die Figuren aufgehängt. Die anschließende Besprechung kann man auch als Ratespiel gestalten. Es ist interessant, nach

dem Ende der Gruppenzeit die Figuren noch einmal gemeinsam zu betrachten und Veränderungen zu benennen.

2. Teilschritt: Unsere Kirche

Ziel: Vertraut werden mit kirchlichen und gottesdienstlichen Gegenständen.
Arbeitsblätter: – Unsere Kirche – Was gehört hinein? (vgl. Seite 86)
                   – Puzzlevorlage Kirche (vgl. Seite 87)
                   – Landkarte von Israel (vgl. Seite 88)

1. Unsere Kirche
– Was gehört zur Kirche? Den Ausschneidebogen (vgl. Seite 86) bemalen und die einzelnen Teile ausmalen, dann ausschneiden. Auf einem Blatt Papier die eigene Kirche (Innen- oder auch Außenansicht) zeichnen. In die Kirche vom Ausschneidebogen das einkleben, was wirklich zur Kirche gehört.
– Auf den Puzzlebogen (vgl. Seite 87) die eigene Kirche malen (Außenansicht, Innenansicht oder auch Grundriss). Auch die restlichen Puzzlesteine farbig ausmalen (Himmel, Wiese ...). Danach Ausschneiden und fertig ist ein neues Puzzlespiel.

2. Was haben wir in der Kirche schon erlebt:
– Kinder erzählen lassen: Taufe, Hochzeit von Bekannten, Kindergottesdienst, Kinderbibelwoche ...
– Jesus als Kind im Tempel (vgl. Neukirchener Kinder-Bibel Nr. 8) vorlesen oder vorlesen lassen. Den Weg von Nazaret nach Jerusalem in die Karte (vgl. Seite 88) einzeichnen lassen. Im Gespräch noch einmal die wichtigen Elemente des Tempel- bzw. Gottesdienstbesuches herausarbeiten (Fest gemeinsam mit anderen feiern, sich gemeinsam freuen und Gott danken, in der Kirche kann man Leuten begegnen, die Fragen beantworten können, Kirche als „Haus Gottes").

3. Teilschritt: In unserer Gemeinde sind viele Menschen aktiv.

Ziel: Jesus als Mitte der Gemeinde.
Arbeitsblätter: – Schiff (vgl. Seite 89)
                   – Überblick Diakonie (vgl. Seite 90)
                   – Ausschneidebogen Diakonie (vgl. Seite 91)

1. Barmherziger Samariter (Neukirchener Kinder-Bibel, Nr. 22)
Vorlesen oder erzählen. Man kann auch die verschiedenen Personen in der Geschichte als kleine Figuren (Playmobil, Lego, Duplo, Halmamännchen ...) an die Kinder verteilen. Die Kinder spielen dann die Geschichte während des Erzählens mit. Man braucht: Jesus und Gelehrter, Mann, Räuber, Priester, Levit, Samariter mit Esel, Wirt. Verständnisfragen klären: Samariter sind Leute, die von den Israeliten verachtet wurden, weil sie aus deren Sicht nicht den richtigen Glauben besaßen.

2. Was bedeutet Diakonie?
Mit den Kindern diakonische Aufgaben sammeln: Katastrophenhilfe, Obdach-
losenmittagstisch, Nachbarschaftshilfe, Seniorentreffs, Mutter-Kind-Treffen ...
Erläuterung des Begriffes „Diakonie" = Dienst (am Nächsten).

3. Was tut Diakonie?
Material: Arbeitsbögen Diakonie (vgl. Seite 90-91). Die Kinder erzählen zu den
einzelnen Bildern, malen die Bilder dann aus, schneiden sie aus und kleben sie
neu auf einen Bogen.

4. Was ist in unserer Gemeinde los?
– Material: Arbeitsblatt Schiff (vgl. Seite 89, evtl. vergrößern). In das Schiff kleben die Kinder ausgeschnittene Überschriften, Bilder und Piktogramme aus
  alten Gemeindebriefen, die von den einzelnen Aktivitäten in der Gemeinde
  künden. Schön wäre es, wenn die Kinder inhaltlich Zusammengehörendes auch
  zusammen anordnen. Natürlich kann das Schiff dann noch geschmückt werden (Fahnen, Segel, Ausguck ...). Für manche Gruppen mag es sinnvoll sein,
  ein großes Schiff gemeinsam zu gestalten und dann in der nächsten Stunden
  Kopien für alle zu verteilen.
– Das Puzzle von Seite 87 kann ebenfalls mit kleinen Bildern oder Stichworten
  aus dem Leben der Gemeinde gefüllt werden (Hintergrund mit leichten Farben [Buntstifte] anmalen).

4. Teilschritt: Jesus heilt Kranke

Ziel: Jesus ist das Zentrum unserer Gemeinde.
Arbeitsblatt: – Bartimäus (vgl. Seite 92)

1. Wiederholung Gemeinde
Anhand des Gemeindeschiffes oder des Diakoniebogens.

2. Blindenführung
Ziel: Erfahren, wie es ist, wenn man nichts sehen kann.
Je zwei tun sich zusammen und erhalten ein blickdichtes Tuch. Einer aus jedem
Paar bekommt die Augen verbunden und wird von seinem Partner durch den
Raum geführt, ruhig auch über Hindernisse (über einen Stuhl klettern ...). Er
sollte auch ein Stückchen ganz allein bewältigen, wobei der sehende Partner
immer darauf achtet, dass dem „Blinden" nichts passiert. Er bekommt auch ei-
nige Gegenstände „gezeigt" (= zum Betasten in die Hand geben). Man kann dafür
auch mit Schälerbsen leichte Wörter auf Pappe kleben (Kerze, Blinder, Jesus ...).
Anschließend werden die Rollen getauscht.

3. Die Geschichte von Bartimäus (Neukirchener Kinder-Bibel, Nr. 31)
In der gemeinsamen Runde lässt man jeden erzählen, wie er sich als Blinder
fühlte, wie er die Begleitung des Partners empfand und wie er sich als Blinden-
führer verhalten hat. Anschließend wird die Geschichte über den blinden

Bartimäus vorgelesen. Wenn noch genügend Zeit vorhanden ist, kann der Arbeitsbogen zu Bartimäus (vgl. Seite 92) begonnen werden.

Hinweis zur nächsten Stunde: Jeder soll ein Ausstechförmchen, etwas zu Essen oder ein Stück Obst mitbringen – je nachdem, was geplant ist.

5. Teilschritt: Alle wurden satt

Vorbereitung: Plätzchenteig zum Ausstechen, ausreichend Platz, dass alle Kinder mitwirken können, genügend Messer und Brettchen für den Obstsalat, Gegenstände für das gemeinsame Essen (Decken zum Sitzen, Korb, Gläser ...)

1. Wiederholung

Kurz die Samaritergeschichte erzählen lassen, Fragen nach dem Wort Diakonie und seiner Bedeutung. Jesus hat nicht nur über das Helfen geredet, er hat es getan. Dazu eine Geschichte:

2. Alle werden satt (Neukirchener Kinder-Bibel, Nr. 18)

Schwerpunkt der Geschichte: U.a. ist es ein Kind, das Jesus seine Lebensmittel anbietet – kein Erwachsener. Verständnisfragen: Wie sieht es mit dem Wunder aus – von fünf Broten und zwei Fischen sind mehr als 5000 Leute satt geworden und mit den Resten wurden zwölf Körbe gefüllt. Man sollte die Geschichte so stehen lassen, wie sie in der Bibel erzählt ist, und braucht nicht zu versuchen, eine Erklärung für die große Speisung zu finden. Das Auftreten Jesu war so umwerfend für die Leute, dass sie mit solchen Geschichten seine Größe, seine Macht und seine offensichtliche Nähe zu Gott weitererzählten. Die Frage nach „Wie geht das?" ist nicht im Zentrum der Geschichte. In ihrer Mitte steht die Größe Gottes, die sich an Jesus zeigt.

3. Plätzchen backen, Obstsalat herstellen, Mitgebrachtes teilen

Die Kinder sollen aus Teig Plätzchen ausstechen (vielleicht sogar in Fisch- oder Brotform), die dann gebacken werden. Während die Kinder mit Ausrollen und Ausstechen beschäftigt sind, kann die Geschichte von der großen Speisung vorgelesen werden. Während des Backens könnte man gemeinsam das Essen vorbereiten, vielleicht wie in der Geschichte mit einer Decke auf dem Boden sitzend, einen Korb für die Plätzchen bereitstellen ... Natürlich ist das Backen kein „Muss-Programm". Alternativ kann jedes Kind eine Kleinigkeit zum Essen mitbringen (ein paar Salzstangen, Gummibärchen, einen Apfel ...) und dann werden die Dinge gemeinsam verteilt und gegessen. Oder jedes Kind bringt unterschiedliches Obst mit (vorher absprechen) und man macht zusammen einen Obstsalat.

4. Gemeinsam essen

An dieser Stelle ist wie in der Geschichte ein Dankgebet für das Essen angebracht.

Wenn die Kinder zuhören mögen, kann man die Geschichte von Oliver vorlesen und darüber sprechen.

Kinderkette

1. In der Mitte durchschneiden
2. Streifen aneinanderkleben

3. An den Strichen ziehharmonikaartig falten, das halbe Männchen ist oben.
4. Gesamt ausschneiden
5. Ausmalen

Was gehört in unsere Kirche?

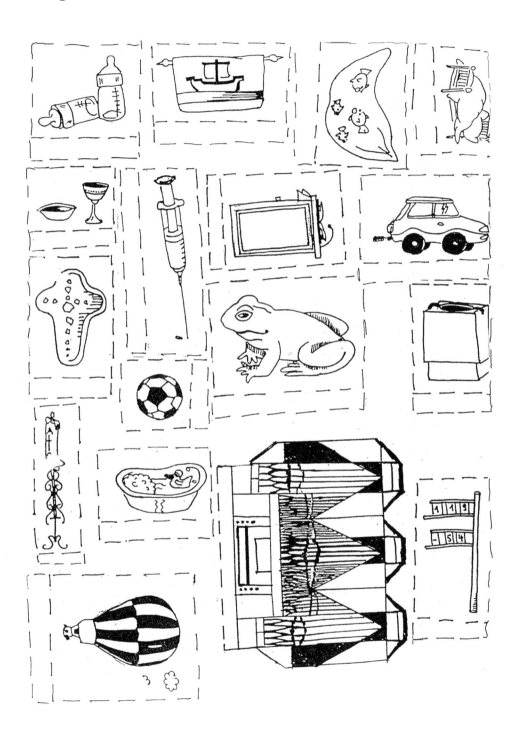

Unsere Kirche

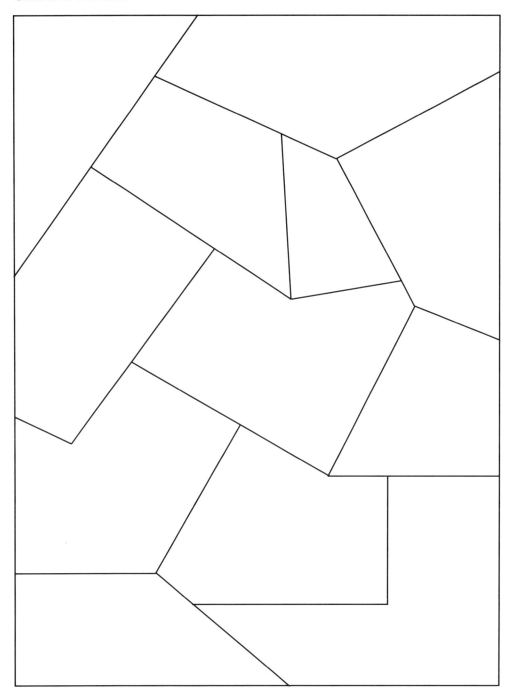

Male eure Kirche. Male auch die restlichen Flächen farbig aus.
Dann schneide entlang der Linien die Puzzlesteine aus,
und du hast ein schönes Puzzle.

Das Land, in dem Jesus lebte

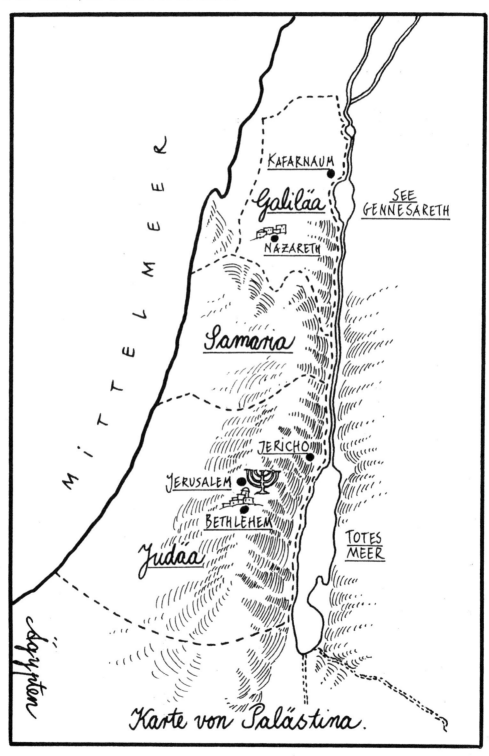

Karte von Palästina.

Ein Schiff, das sich Gemeinde nennt

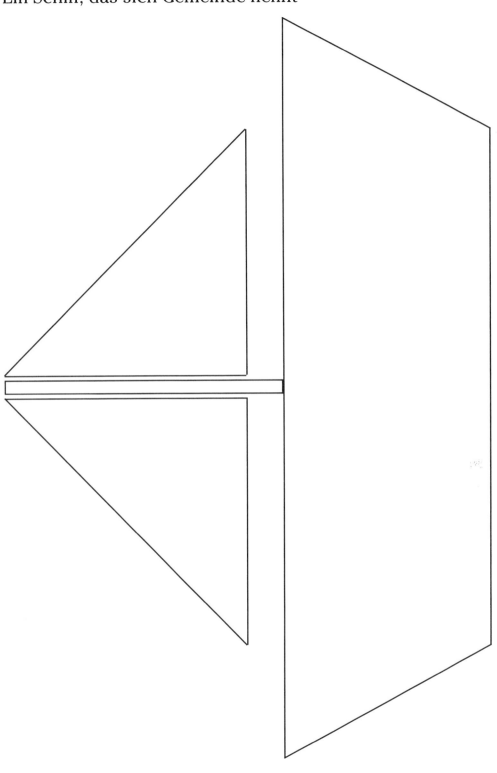

Diakonie – Dienst am Nächsten

Beispiele kirchlicher Dienste
mit zugehörigen Aktionskärtchen zum Ausmalen, Ausschneiden und Aufstellen.

Innerer Kreis: Gemeindearbeit:

1. Ein Mitarbeiter der Sozialstation kommt zur Krankenpflege ins Haus.
2. „Nachbarschaftshilfe" beim Einkaufen, Schnee schippen, Rasen mähen
3. Alte und Kranke erhalten ihr Mittagessen („Essen auf Rädern").
4. Ausländer- und Aussiedlerbetreuung (Unterkunft, Beratung)
5. Beratungsstelle für Alkohol- und Drogenkranke
6. Betreuung allein stehender Mütter
7. Hilfe und Beratung für Strafentlassene

Mittlerer Kreis: Übergemeindliche Einrichtungen für besondere Dienste

8. Krankenpflege im Krankenhaus (Diakonisse)
9. Menschen suchen Rat und Zuspruch durch das Telefon (Telefonseelsorge).
10. Betreuung von Menschen, die kein Zuhause haben (Obdachlosen- oder Nichtsesshaftenhilfe)
11. Betreuung körperlich oder geistig Behinderter

Äußerer Kreis: Arbeit im oder für das Ausland (Brot für die Welt, Misereor)

12. Kirchliche Entwicklungshilfe (Versorgung mit Lebensmitteln, Trinkwasser, ärztlicher Hilfe ...)
13. Katastrophenhilfe (bei Erdbeben, Überschwemmungen, Stürmen ...)

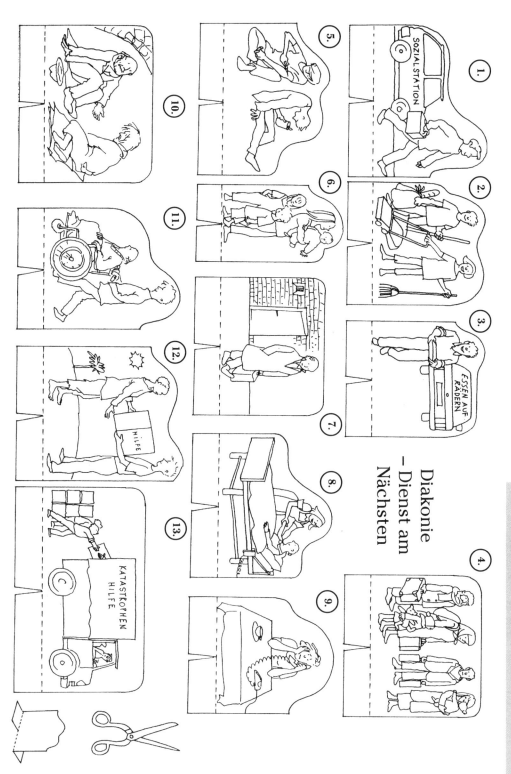

Diakonie
– Dienst am
Nächsten

Aus einem Hilfeschrei wird ein Loblied

Du kennst die Geschichte vom blinden Bartimäus (Markus 10,46-52).
Der folgende Text ist durcheinander geraten.
Kannst du ihn sortieren und wieder in die richtige Reihenfolge bringen?
Schreibe dazu Zahlen vor die Abschnitte.

„Was soll ich für dich tun?", fragte Jesus;
und Bartimäus sagte: „Herr, ich möchte wieder sehen können!"

„Jesus, Sohn Davids! Hab Erbarmen mit mir!"

Sie gingen hin und sagten zu ihm:
„Freu dich, Jesus ruft dich; steh auf!"

Die Leute wollten ihn zum Schweigen bringen, aber er schrie
noch lauter: „Sohn Davids, hab Erbarmen mit mir!"

In Jericho saß der blinde Bartimäus am Straßenrand
und bettelte.

Da blieb Jesus stehen und sagte: „Ruft ihn her!"

Als er hörte, dass Jesus von Nazareth vorbeikam,
fing er laut an zu rufen.

Jesus antwortete: „Geh nur, dein Vertrauen hat dich gerettet."

Da sprang der Blinde auf, warf seinen Mantel ab
und kam zu Jesus.

Im gleichen Augenblick konnte er sehen
und folgte Jesus auf seinem Weg.

Die Geschichte von Oliver

Oliver ging seit drei Jahren schon mit ihnen in dieselbe Klasse. Er war nicht besonders groß, eher schmächtig, und oft hatte er blaue Flecken. Anfangs dachten sie, er schlägt sich halt öfters mit anderen oder fällt hin. Aber das stimmte nicht. Oliver schlug sich mit keinem. Nein, er hatte vielmehr Angst, Angst vor den anderen. Er ging ihnen aus dem Weg. Mit der Zeit merkten sie aber, dass er geschlagen wurde. Er bekam Prügel, zu Hause. Warum, wussten seine Klassenkameraden nicht. Aber sie merkten, dass es zu viel war. Entschieden zu viel. Manchmal war er ganz blau gehauen. Einmal hatten sie ihn gefragt: „Wer prügelt dich denn?", aber Oliver weinte nur. „Lasst mich in Ruhe", schrie er mit halberstickter Stimme.

Irgendwann wusste einer von seinen Klassenkameraden alles. Seine Eltern prügelten ihn. Das konnten einige nicht verstehen, die Eltern waren doch ganz nett. Aber es war wirklich so. Ab und zu bekam er eine große Tracht Prügel, und in letzter Zeit geschah es immer öfter. Anscheinend einfach so.

Seine Klassenkameraden wollten das nicht länger hinnehmen. Sie sprachen mit der Klassenlehrerin: „Können Sie nicht was tun? Können Sie nicht zu Olivers Eltern gehen und sagen, sie sollen aufhören?" Die Klassenlehrerin nickte verständnisvoll. „Ihr habt ja Recht, ich habe es auch schon gesehen, aber was soll ich machen? Die Eltern sind in der Klassenpflegschaft, es sind nette Leute. Ich verstehe es auch nicht. Ich kann da gar nicht viel machen. Wir sollten alle zu Oliver besonders nett sein." Sie schüttelte den Kopf und wunderte sich.

Es war schon schwierig, und sie überlegten, wen sie noch fragen könnten: Am nächsten Tag zogen sie zum Arzt. Sie wussten, dass sie alle und Oliver bei demselben Arzt im Dorf waren. Sie klingelten, und er ließ sie auch rein. „Na, was habt ihr denn?" – „Ja, es geht um Oliver. Der wird immer geschlagen. Seine Eltern, sie verprügeln ihn." – „Ich weiß", sagte der Arzt, „eine schlimme Sache. Aber, was wollt ihr von mir?" – „Können Sie nicht mal mit den Eltern reden, dass sie aufhören sollen?" – „Nein", sagte der Arzt, „ich kann es nicht. Ich kegele mit seinem Vater zusammen, ich habe es einmal versucht, mit ihm darüber zu sprechen, aber der Vater winkte nur ab. Vielleicht ist Oliver besonders schwierig." Die Kinder schüttelten den Kopf, sie verstanden die Welt nicht mehr. Keiner wollte etwas tun. Und ganz offensichtlich traute sich auch keiner. Aber jeder hatte Olivers viele blaue Flecken bemerkt.

Sie überlegten weiter. Dies ist eigentlich ein Fall für die Polizei. Und sie gingen zu dem einzigen Polizisten des Ortes. „Hören Sie mal", sagten die Kinder, „Oliver wird zu Hause immer geschlagen, er ist rot, gelb, grün und blau. Wir können es bezeugen." – „Moment", sagte der Polizist, „ihr könnt noch keine Anzeige erstatten. Und außerdem, sein Vater ist ein ehrenwerter Mann und auch seine Mutter hat einen guten Ruf. Macht, dass ihr nach Hause kommt, ihr könnt doch nicht einfach andere Leute beschuldigen." – „Aber es stimmt", sagten die Kinder, „es stimmt wirklich. Sehen Sie sich Oliver an." Aber da wurden sie schon rausgeschmissen.

Zum Schluss gingen sie noch zum Pfarrer. Der lud sie ein, er sprach lange mit ihnen über Oliver. Auch er hatte es schon bemerkt, aber was sollte er schon sagen? Die Mutter war im Kirchenvorstand ganz aktiv, und vielleicht war alles gar nicht so schlimm. Er wusste auch keinen Ausweg, aber mit den Eltern reden, etwas unternehmen, konnte er auch nicht.

Darauf setzten sich die Kinder zusammen. Sie überlegten miteinander, was zu tun sei. Und, ich bin mir sicher, sie haben gemeinsam Lösungen gefunden. Ich bin mir sicher, dass sie nicht so wie die Erwachsenen sagten. „Ja, da kann man nichts tun."

Rüdiger Maschwitz

Gesprächsimpulse:
- *Was mag Oliver denken, wenn er davon hört, dass seine Schulkameraden sich so für ihn einsetzen?*
- *Was empfindet ihr, wenn ihr die Verweigerungen der Lehrerin, des Arztes, des Polizisten und des Pfarrers hört?*
- *Wie hätten sich die Erwachsenen eurer Meinung nach verhalten sollen?*
- *Haben die Kinder wohl noch den Mut, weitere Personen um Hilfe zu bitten?*
- *Was braucht Oliver?*
- *Warum schlagen Olivers Eltern ihn – was meint ihr?*

7. Gott ist unser Freund

Ziel: Miteinander darüber nachdenken, wie wir uns Gott vorstellen und was wir von ihm wissen können; anhand von biblischen Geschichten unterschiedliche Seiten Gottes entdecken; Begriffe finden und mit Inhalt füllen, um über, von und mit Gott zu reden.

1. Teilschritt: Die Geschichte vom verirrten Schaf

Ziel: Gott wird hier beschrieben als derjenige, der uns nachgeht, dem wir nicht egal sind.

Arbeitsblätter: – Bilderfolge zum verlorenen Schaf (vgl. Seite 99)
                    – „Klapp"-Schaf (vgl. Seite 100)
                    – Suchbild (vgl. Seite 101)
                    – 5 Unterschiede (vgl. Seite 104)

1. Geschichte vom verlorenen Schaf erzählen (vgl. Neukirchener Kinder-Bibel Nr. 23)
Danach den Inhalt der Geschichte gemeinsam mit den Kindern durch Fragen erarbeiten.
Man kann die Geschichte auch anhand eines Bilderbuches (etwa Nick Butterworth, Mick Inkpen, Das verlorene Schaf) erzählen. Auch kann die Bilderfolge (vgl. Seite 99) eingesetzt werden, die Kinder können diese Bilder ausmalen.

2. Vertiefung der Geschichte
Alternativen:
– Suchspiel: Jedes Kind bastelt sich ein Klapp-Schaf aus weißem Papier mit seinem Namen darauf (Kopiervorlage vgl. Seite 100). Ein Kind verlässt kurz den Raum, die anderen verstecken sein Schaf. Das Kind muss nun sein Schaf suchen und die anderen helfen mit „heiß" und „kalt". Oder auch umgekehrt: Ein Kind versteckt sein Schaf, und alle anderen suchen gemeinsam.
– Suchbild (vgl. Seite 101) anmalen und das Schaf darin suchen lassen: Während dessen kann man eine Geschichte vorlesen.
– Die Geschichte als Bilderfolge malen lassen: Jedes Kind sucht sich einen Teil der Geschichte aus, den es malen möchte (DIN-A 4, vielleicht mit Wasserfarben). Die Bilder werden dann in die richtige Reihenfolge gelegt und die Geschichte wird noch einmal mit einer entsprechenden Deutung der Kinder erzählt.
– Die Geschichte als Streichholzschachtel-Bildergeschichte malen: Jedes Kind bekommt ein Blatt Papier mit 6–7 Feldern, so groß wie eine Streichholzschachtel. In jedes Feld malt es eine Szene der Geschichte (einfach, mit Strichmännchen). Am Schluss werden die Bilder zusammenhängend ausgeschnitten und können gefaltet (ziehharmonikaartig) in einer leeren Streichholzschachtel Platz finden.

2. Teilschritt: Die Geschichte vom verlorenen Sohn

Ziel: In dieser Geschichte werden zwei Seiten Gottes beschrieben: Zum einen Gott als ein Vater, der sein Kind ziehen lässt und nicht festhält; das Kind bekommt die Möglichkeit, eigene Erfahrungen zu machen und selbstständiges Handeln auszuprobieren. Und zum anderen Gott als ein gütiger, verzeihender Vater, der dem Kind keine Vorhaltungen macht und auch keine Bedingungen für die Wiederaufnahme stellt, wenn es zurückkommen möchte. Die Kinder sollten hier vor allem etwas von dem Vertrauen spüren, das der heimkehrende Sohn gegenüber dem Vater aufbringt.

1. Wiederholung der letzten Stunde

2. Gleichnis vom verlorenen Sohn vorlesen (vgl. Neukirchener Kinder-Bibel, Nr. 24)
Vorlesen mit katechetischen Variationen: Die Geschichte vorlesen bis zum Satz: „Schon von weitem konnte er sein Vaterhaus sehen", Damit die Kinder verschiedene Zwischenstufen menschlichen Verhaltens einander gegenüberstellen können, sollen sie sich unterschiedliche Vater-Reaktionen ausdenken und spielen:
- Der Vater ist verbittert und zornig und lässt den Sohn gar nicht in das Haus hinein.
- Der Vater macht ihm viele Vorwürfe, lässt ihn aber unter „bestimmmten Bedingungen" ins Haus.
- Der Sohn darf als Knecht unter dem Vater arbeiten, muss aber das ausgegebene Erbe wieder zurückzahlen ...

Die Kinder können diese unterschiedlichen Variationen als freies Rollenspiel gestalten. Einfacher als das freie Rollenspiel ist es für die Kinder, mit selbst gefertigten Stabpuppen die verschiedenen Verhaltensweisen zu spielen.
Stabpuppen: Wir legen unterschiedlich farbiges Tonpapier auf den Tisch. Jedes Kind sucht sich für die drei Personen (Vater, älterer und jüngerer Sohn) eine Farbe aus, malt in Umrissen die Person auf und schneidet sie aus. Ein Holzstäbchen wird jeweils dahinter geklebt, und damit erwachen die Figuren zum Leben. Ein Gespräch über die Farbwahl ist interessant: Warum hast du für den Vater diese Farbe gewählt? ...
Möglich ist auch ein Aufmalen der verschiedenen Szenen auf einem großen Blatt Papier in Form von Comics. Den kleinen Dialog schreiben die Kinder in die Sprechblasen.
Zum Schluss wird dann im Vergleich mit dem Originalschluss (Rest der Geschichte vorlesen) die ganze Tragweite biblisch bezeugter Vergebung deutlich: So vergibt uns Gott, wenn wir wie der verlorene Sohn zu ihm kommen, wir können zu ihm Vertrauen haben und wir können deshalb auch vergeben.

3. Teilschritt: Gott begleitet mich (Psalm 23)

Ziel: Kennenlernen des alten israelischen Vertrauensliedes (König David, um 1000 v. Chr.). So hatte das Volk Israel damals seinen Gott gesehen: als Hirte. Dieses Bild greift Jesus (Johannes 10) wieder auf und bezieht es auf sich.

Arbeitsblätter: – Psalm 23 mit Vignetten (vgl. Seite 102–103)
                  – Hirtenbild Psalm 23 zum Ausmalen (vgl. Seite 105)
                  – Rebus-Rätsel (vgl. Seite 108), Lösung: „Der Herr ist mein Hirt,
                    mir wird nichts mangeln."
                  – Domino mit Text zu Psalm 23 (vgl. Seite 106–107)

1. Psalm 23
Psalm 23 als gemeinsames Dominospiel (vgl. Seite 106–107). Jedes Spielkärtchen
(bitte vorher auf Pappe kleben und ausschneiden) besteht aus zwei Hälften:
        – links: Satzende
        – rechts: neuer Satzanfang.
Zu den Satzteilen können noch kleine Bilder gemalt werden.
Spielbeginn: Ein beliebiges Spielkärtchen wird in die Mitte gelegt. Durch das
gemeinsame Anlegen von Satzanfängen links oder Satzergänzungen rechts soll
nach und nach das gesamte große Vertrauenslied auf Gott in der richtigen Reihenfolge ausgelegt werden.

2. Hirtenbild
Das Bild „Der Herr ist mein Hirte" (vgl. Seite 105) ausmalen lassen. Diese Bilder
sollen dann gruppenweise in der Kirche aufgehängt werden und auch eine Zeit
lang dort hängen bleiben.
Der Psalm 23 kann gut am Ende der Stunde als Gebet gelesen oder gemeinsam
gesprochen werden. Für zu Hause erhalten die Kinder das Bilderrätsel (Rebus,
vgl. Seite 108).

4. Teilschritt: Vaterunser

Ziel: Unser Vertrauen zu Gott drückt sich in der Anrede aus. „Unser Vater". Die
Kinder sollen das Vaterunser kennen lernen, erklärt bekommen und dieses Gebet auch auswendig lernen. Letzteres geht am besten, wenn sie es immer wieder gemeinsam vor und nach jeder Stunde beten. Dieses Gebet hat Jesus auch
gesprochen, und es ist das verbindende Gebet der gesamten Christenheit.
Arbeitsblätter: – Bilderbogen zum Vaterunser (vgl. Seite 109)
                  – Vaterunser erklärt (vgl. Seite 110)
                  – Vaterunser in Textbausteinen (vgl. Seite 111)

1. Wiederholung
Die fertigen Hirtenbilder (vgl. Seite 105) einsammeln. Psalm 23 aus den zeilen-
weise auseinander geschnittenen Vignetten zusammenstellen lassen (Partner-
arbeit, S. 102f.).

2. Bilderbogen zum Vaterunser
Bilderbogen verteilen und die Bilder beschreiben lassen:
– Bild 1: Beten, Gott anreden.
– Bild 2: Menschen aller Länder, Reich Gottes – Verständnis untereinander.

- Bild 3: Brot und Ähren, Nahrung.
- Bild 4: Vater empfängt den verlorenen Sohn, Vergebung.
- Bild 5: Streitende Kinder, Differenzierung zwischen Gut und Böse, Befreiung von dem, was zerstört.
- Bild 6: Hirte, gefundenes Schaf, Geborgenheit und Vertrauen.

3. Vaterunser (vgl. S. 109/110)
Zu den einzelnen Bildern die entsprechenden Abschnitte des Vaterunsers zuordnen. Nach der gemeinsam gefundenen Lösung sollen die Kinder ihr eigenes Blatt mit den entsprechenden Zuordnungen kleben.

4. Arbeitsblatt Vaterunser erklärt (vgl. Seite 111)
Im Wechsel miteinander beten (eine Gruppe spricht jeweils eine Vaterunserbitte, die andere antwortet mit der jeweiligen kindgemäßen Bitte).

5. Teilschritt: Mit welchen Begriffen kann ich von Gott erzählen?

Ziel: Die Kinder sollen ermutigt werden, von Gott zu erzählen, sie sollen vorgegebene biblische Bilder oder besser noch eigene entwickeln, die ihrer Vorstellung und ihrem Erleben von Gott am nächsten kommen, um sich sprachlich mitteilen zu können.
Arbeitsblätter: – Gott ist wie ... (1) (vgl. Seite 112)
                   – Gott ist wie ... (2) (vgl. Seite 113)
                   – Gleichnis vom Elefanten (Buddha) (vgl. Seite 114)
                   – Geschichte „Eine Nacht im Wald" (vgl. Seite 115–117)

1. Gott ist wie ...
Begriffe sammeln, mit denen die Kinder Gott beschreiben würden. Gemeinsam auf ein Blatt Papier schreiben. Alternativ die beiden Arbeitsblätter Seite 112 und 113 zu Hilfe nehmen. Bei diesen Überlegungen noch einmal an die beiden Geschichten (verlorenes Schaf und verlorener Sohn) erinnern, um die Begriffe nicht zu abstrakt werden zu lassen (z.B. sucht Verlorenes; lässt mich gehen, wenn ich will; ist nicht sauer ...). Wichtig ist es, möglichst immer in beschreibender Form von Gott zu reden, z.B.: „Gott ist eine Burg" ist für Kinder schwer nachzuvollziehen. Leichter dagegen: Das bedeutet „Schutz, Zuflucht, Segen", die Gott uns schenkt.

2. Gleichnis vom Elefanten (vgl. Seite 114)
Die Kinder können die Augen verbunden bekommen und je einen Teil von einem Ganzen in die Hand bekommen und diesen Teil beschreiben. Können sie das Ganze erraten?

3. Geschichte „Eine Nacht im Wald"

4. Vaterunser beten

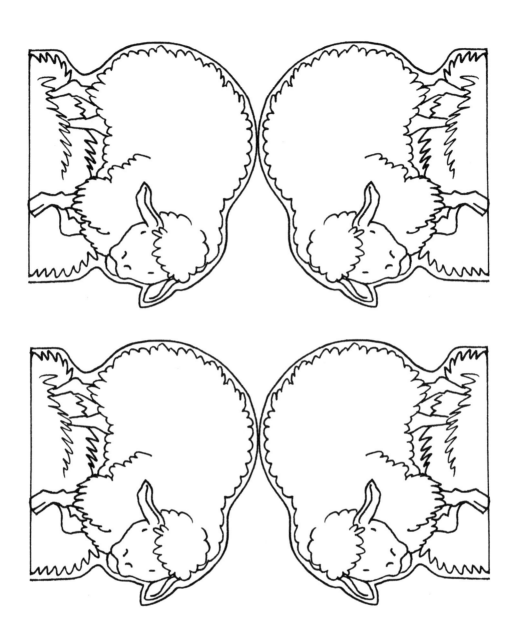

So sieht das Schaf aus, das sich hier im Garten Eden mit vielen anderen Tieren aufhält. Kannst du es finden?

Psalm 23

Der Herr ist mein Hirte,

mir wird nichts mangeln.

Er

weidet mich auf einer grünen Aue

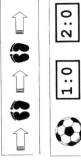

und führt mich zum frischen Wasser.

Er erquickt meine Seele.

Er führt mich auf rechter Straße

um seines Namens willen.

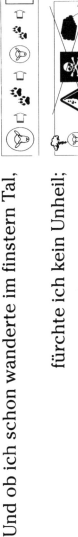

Und ob ich schon wanderte im finstern Tal,

fürchte ich kein Unheil;

Psalm 23

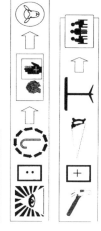 denn du bist bei mir,

dein Stecken und Stab trösten mich.

 Du bereitest vor mir einen Tisch

 im Angesicht meiner Feinde.

 Du salbst mein Haupt mit Öl

 und schenkst mir voll ein.

 Gutes und Barmherzigkeit werden mir folgen

 mein Leben lang

 und ich werde bleiben im Hause des Herrn

immerdar.

Es gibt fünf Unterschiede!

104

Psalm 23

und führet mich zum	grünen Aue
Er erquickt meine Seele; er führet mich auf	frischen Wasser.
um seines Namens willen. Und ob ich schon wanderte im	rechter Straße

Der Herr ist mein	
mir wird nichts mangeln. Er weidet mich auf einer	Hirte,

finstern Tal,

fürchte ich kein Unglück; denn du bist bei mir, dein

Haupt

mit Öl und schenkest mir

Stecken und Stab

trösten mich. Du bereitest vor mir einen

voll ein.

Gutes und Barmherzigkeit werden mir folgen mein Leben lang, und ich werde bleiben im

Tisch

im Angesicht meiner Feinde. Du salbest mein

Hause des Herrn

immerdar.

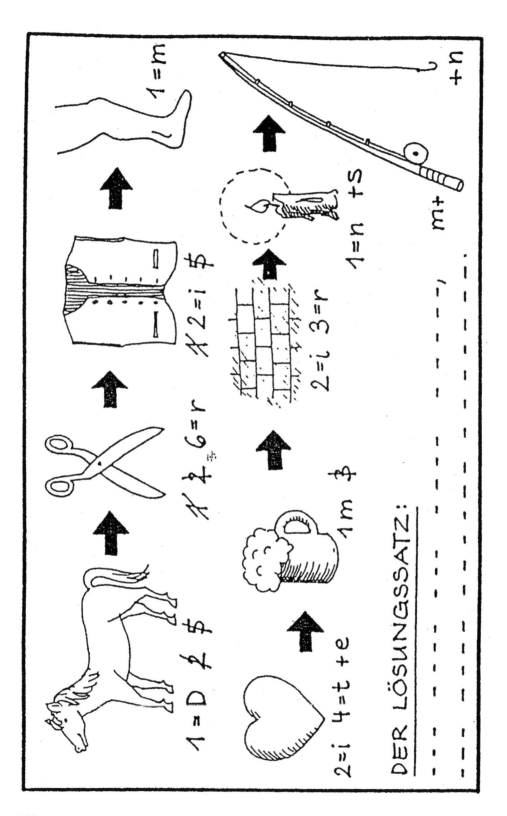

DER LÖSUNGSSATZ:

Vater unser im Himmel,
geheiligt werde dein Name.

Dein Reich komme, dein Wille geschehe, wie im Himmel, so auf Erden.

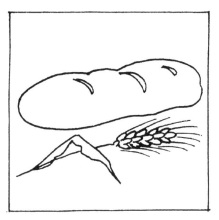

Unser tägliches Brot
gib uns heute.

Und vergib uns unsere Schuld, wie auch wir vergeben unseren Schuldigern.

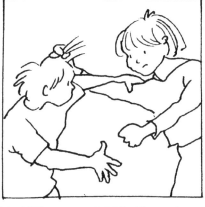

Und führe uns nicht in Versuchung,
sondern erlöse uns von dem Bösen.

Denn dein ist das Reich und die Kraft und die Herrlichkeit in Ewigkeit.
Amen.

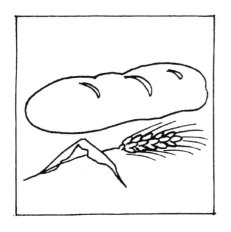

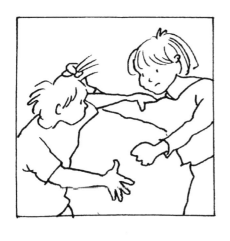

Vater unser im Himmel,	Gott, du kennst uns alle. Wir sehen dich nicht, du herrschst im Himmel. Aber du sorgst für uns wie ein guter Vater. Wir danken dir!
geheiligt werde dein Name.	Unser Vater, wir wollen Gutes sagen von dir. Denn du hast die ganze Welt gemacht. Wir danken dir!
Dein Reich komme,	Unser Vater, einmal werden alle Menschen bei dir wohnen und leben. Das wird gut und schön sein. Jesus ist jetzt schon jetzt bei dir. Er hat uns von dir erzählt. Wir danken dir!
dein Wille geschehe, wie im Himmel, so auf Erden.	Unser Vater, hilf uns, immer an dich zu denken, wenn wir nicht verstehen, was mit uns geschieht! Wir Menschen wollen oft ganz andere Dinge. Aber was du willst, ist gut für uns. Wir danken dir!
Unser tägliches Brot gib uns heute.	Bitte, gib uns, was wir jeden Tag zum Leben brauchen: Gib uns Essen und Trinken, gib uns Freude, gib uns Gesundheit und Wärme, gib uns Frieden. Bitte, gib dies allen Menschen auf der Erde.
Und vergib uns unsere Schuld, wie auch wir vergeben unseren Schuldigern.	Wir denken oft nur an uns selbst, wir wollen alles für uns haben. Das ist nicht gut. Verzeih uns und hab du uns trotzdem lieb! Hilf uns, an die anderen zu denken! Mach, dass wir sie lieb haben, auch wenn sie uns ärgern.
Und führe uns nicht in Versuchung, sondern erlöse uns von dem Bösen.	Mach, dass wir dich nicht vergessen! Mach, dass uns das Böse keine Angst macht: Hunger, Krankheit, Streit und Krieg.
Denn dein ist das Reich und die Kraft und die Herrlichkeit in Ewigkeit. Amen.	Du bist stärker, du kannst helfen. Amen.

Manche Namen für Gott gefallen dir, andere vielleicht nicht. Schreibe Namen, die dir gefallen, dicht an den groß geschriebenen Satz „Gott ist wie ...", die Namen, die dir nicht so gefallen, weit weg davon.
Du kannst aus folgender Liste auswählen oder eigene Begriffe schreiben:

König – Sonne – Hirte – Arzt – Licht – Burg – Quelle – Vater – Freund – Fels – Richter ...

Gott ist wie ...

Das Gleichnis vom Elefanten

Ein König ließ eines Tages alle Blindgeborenen seines Ortes zusammenbringen und zeigte ihnen einen Elefanten, dem einen den Kopf, einem anderen das Ohr, einem den Zahn, einem den Rüssel, einem anderen den Fuß, einem den Rumpf, einem das Hinterteil, einem den Schwanz, dem letzten schließlich das behaarte Schwanzende des Elefanten. Zu allen sagte er: „So ist ein Elefant, ihr Blindgeborenen."

Daraufhin fragte er sie: „Wie ist denn nun ein Elefant?" Der Blindgeborene, welcher den Kopf berührt hatte, sagte: „Wie ein großer Topf ist ein Elefant." Der, welcher das Ohr gefühlt hatte, sagte: „Wie ein großer Deckel ist ein Elefant." Der, welcher den Zahn berührt hatte, sagte: „Wie ein Nagel ist ein Elefant." Der, welcher den Rüssel umfasst hatte, sagte: „Wie eine Schlauch ist ein Elefant." Der, welcher den Fuß berührt hatte, sagte: „Wie ein Pfeiler ist ein Elefant." Der, welcher den Rumpf angefasst hatte, sagte: „Wie ein großes Rohr ist ein Elefant." Der, welcher das Hinterteil berührt hatte, sagte: „Wie ein riesiger Kürbis ist ein Elefant." Der, welcher den Schwanz umfasst hatte, sagte: „Wie eine Peitsche ist ein Elefant." Der, welcher das behaarte Schwanzende angefasst hatte, sagte: „Wie ein Besen ist ein Elefant."

Da jeder etwas anderes zu sagen wusste, gerieten sie miteinander in großen Streit und begannen, sich mit den Fäusten zu schlagen. Der König aber lachte sich schief.

nach Buddha

Eine Nacht im Wald

Kaum hatte Peter das Zeugnisheft in der Hand, blätterte er es hastig auf. Da stand sie, die Fünf in Rechnen, vor der er sich schon so sehr gefürchtet hatte. Ihm schossen die Tränen in die Augen.

„Da ist nun nichts zu machen, Peter", sagte der Lehrer. „Im nächsten Schuljahr musst du schauen, dass du sie wieder wegschaffst. Sei fleißiger und pass besser auf."

Peter antwortete nicht. Er dachte nur. Der Vater! ‚Komm du mir mit einer Fünf heim, dann kannst du was erleben!', hatte er am Morgen gesagt, als Peter zur Schule gegangen war. „Du bist schlau, aber faul. Du kannst, wenn du willst."

Die anderen Kinder liefen mit Geschrei aus der Schule, schwenkten die Zeugnishefte und waren verschwunden. Peter lief nicht mit. Er blieb vor dem Schultor stehen, dachte an Vaters Stock und überlegte.

Alle Menschen sind schlecht, dachte er, alle außer mir. Der Lehrer gibt mir eine Fünf, der Vater hat mir Hiebe angedroht, die Mutter hält zu ihm statt zu mir, die Oma wird mir eine lange Predigt halten, und die Kinder werden im ganzen Ort herumlaufen und erzählen, dass ich eine Fünf habe. Wirklich, alle Menschen sind schlecht. Ich habe genug von ihnen! Ich brauche sie nicht. Ich bin groß genug, um ohne sie auszukommen. Jetzt gehe ich weit weg von zu Hause und will mit niemand mehr etwas zu tun haben.

Er schlich um die Schule herum und aus dem Ort heraus, ganz heimlich, dass niemand ihn sah, und lief durch die Felder bis an das Gebüsch am Waldrand. Hier hatte er oft gespielt. Von da wanderte er in den Buchenwald hinein. Darin war es sehr still und schattig. Aber Peter hatte keine Angst, er schaute sich kein einziges Mal um. Nach dem Buchenwald kam ein dichter, finsterer Fichtenwald.

„Es gibt ja keine wilden Tiere mehr bei uns in Deutschland", sagte Peter laut. „Im Wald gibt's überhaupt nichts Gefährliches außer giftigen Pilzen, und wenn ich keine Pilze esse, kann ich mich auch nicht vergiften. Mir kann also nichts geschehen."

Aber er schaute sich doch einmal um. Vom Ort war nichts mehr zu sehen, der Weg hatte einen Bogen gemacht. Peter ging immer weiter, er sang laut und schaute weder nach rechts noch nach links. Er kam an einer Schonung vorbei, dann geriet er auf einen Platz, wo Holzfäller gearbeitet hatten. Sie hatten Stämme gefällt und geschält und Meterholz ringsum aufgeschichtet. Die Lichtung war voll Sonne. Peter schaute sich nun doch um. Er stolperte dabei über einen frisch gesägten Holzklotz. Plötzlich entdeckte er eine kleine Hütte, die den Holzfällern gehört hatte. Darin hatten sie bei Regen Unterschlupf gesucht. Jetzt stand sie leer.

Peter war neugierig. Ob sie verschlossen ist?, dachte er.

Sie war offen, und schon war er drin: ein leeres viereckiges Zimmer mit einem Fenster und einer Tür. Zerknüllte Zeitungen lagen herum. Hier bleibe ich, dachte Peter.

Er legte seinen Ranzen in die Ecke und warf die Zeitungen zum Fenster hinaus. Dann schleppte er den Holzklotz herein, über den er gestolpert war. Das war ein schöner Tisch. Er fand noch einen kleineren Klotz. Das war ein guter

115

Stuhl. Neben der Hütte lag eine verrostete Konservendose. Er füllte sie mit Wasser aus dem Graben neben dem Weg. Am Grabenrand wuchsen Blumen. Er pflückte einen Strauß und steckte ihn in die Büchse. Das war eine schöne Vase für den Tisch. Jetzt sah es in der Hütte schon richtig nach Wohnzimmer aus. Peter setzte sich an den Tisch.

Ich gehe nie mehr heim, dachte er. Hier fragt mich keiner nach meinem Zeugnis. Hier bin ich der Herr!

Jetzt erst merkte er, dass er Hunger hatte. Sein Frühstücksbrot hatte er in der Schule gegessen. Wo wollte er etwas zu essen herbekommen? Obwohl er gern in seinem Wohnzimmer sitzen geblieben wäre, musste er nun doch in den Wald hinausgehen, um etwas zu essen zu suchen. Aber hier wuchsen weder Himbeeren noch Heidelbeeren, und die Nüsse waren noch nicht reif. Er fand nur ein paar kümmerliche Walderdbeeren und Sauerklee. Davon wurde er nicht satt.

Macht nichts, dachte er. Ich werde einen Hasen fangen. Den brate ich mir dann über einem kleinen Feuer.

Er wusste nicht, wie spät es war. Am Stand der Sonne erkannte er, dass es Nachmittag sein musste. Er versuchte, eine Schaufel zu basteln, aber er hatte keinen Bindfaden, und so fiel sie ihm immer wieder auseinander. Deshalb musste er die Grube am Waldrand mit seinen Händen graben. Die Grube, das war seine große Idee: Als sie tief genug war, legte er Zweige und Gras darüber. Jetzt kann sie niemand mehr sehen, dachte er. Wenn ein Hase darüberläuft, fällt er hinein und ist gefangen!

Am liebsten hätte er seinen Freunden die herrliche Hasenfalle gezeigt, aber er war ja allein. Um die Hasen nicht zu verscheuchen, versteckte er sich in der Hütte und beobachtete die Falle durch das Fenster.

Kein Hase kam. Die Sonne ging unter, es wurde kühler. Peter fror. Er trug vor der Hütte ein Häufchen Holz zusammen, um ein Feuer zu machen und sich daran zu wärmen. Als er das Holz anstecken wollte, merkte er, dass er keine Streichhölzer bei sich hatte. Es war also nichts mit dem Wärmen, und so hockte er sich müde und hungrig auf den Klotzstuhl und klapperte mit den Zähnen. Aber er konnte ja nicht die ganze Nacht so sitzen bleiben. Er musste sich auf den Bretterboden legen. Der war scheußlich hart. Ihm fielen die Zeitungen ein, die er zum Fenster hinausgeworfen hatte. Er holte sie wieder herein und legte sie unter sich. Na, sehr viel weicher wurde es dadurch auch nicht.

Ich müsste mir ein Bett aus Gras machen, dachte er.

Es war aber inzwischen draußen so dunkel geworden, dass er sich nicht mehr von der Hütte fortwagte. Hier knackte es, dort knisterte es. Peter zitterte vor Angst. Er drückte sich in eine Ecke der Hütte und hielt den Ranzen vor sich. Aber weil er so müde war, sank er schließlich um und schlief auf dem Boden bis zum Morgen.

Er wachte nicht von der Sonne auf, sondern von der Kälte.

„Mutti!", rief er.

Als keine Mutti kam, erinnerte er sich wieder, wo er war. Heute wird es schon besser gehen, dachte er und stand auf. Er ging hinaus an den Graben und beugte sich darüber, um sich zu waschen. Das Wasser war so braun, als hätten sich schon Wildschweine darin gebadet. Ihm ekelte davor. Und dabei hatte er gerade jetzt einen solchen Durst! Wo sollte er Waschwasser und Trinkwasser herbe-kommen? Einen Kamm? Eine Zahnbürste? Und das Schlimmste: Es stand kein Frühstück auf dem Tisch!

Macht nichts, dachte Peter, während der Nacht ist sicher ein Hase in die Falle gegangen.

Er lief zur Grube. Sie war leer. Er fand auch keine Erdbeeren mehr, sondern nur noch Sauerklee, aber den mochte er nicht mehr.

Meine Eltern waren zwar zu streng mit mir, dachte er, aber zu essen haben sie mir immer gegeben.

Es fing an zu regnen. Peter rannte in die Hütte. Als er sie noch einmal ansah, fand er sie nicht so schön wie das Wohnzimmer daheim.

Am Nachmittag gegen drei klingelte es bei Peters Eltern. Sein Vater öffnete die Tür, und da stand Peter: zerzaust, schmutzig, kleinlaut.

„Peter!", rief der Vater und zog ihn an sich. „Wo kommst du her – um Himmels willen? Mutter, komm raus, Peter ist da!"

Die Mutter stürzte aus der Küche und fing an zu weinen. „Junge, Junge, wo bist du bloß gewesen!", schluchzte sie. „Die Polizei sucht schon nach dir!"

„Im Wald", stotterte Peter.

Er sagte nichts davon, dass er dort hatte wohnen bleiben wollen.

„Du hast Hunger! Komm in die Küche!", rief die Mutter.

„Wer wird denn so ein Theater machen wegen einer Fünf", sagte der Vater. „Mutter und ich haben die ganze Nacht nicht geschlafen. Der Lehrer hat auch nach dir gesucht, und die Kinder deiner Klasse haben ihm geholfen. Ich will jetzt allen schnell sagen, dass du wieder da bist."

Als Peter in der Küche saß über einem Teller Nudeln, dachte er: Vater hat Angst um mich gehabt. Mutter hat geweint vor Freude, als ich wiederkam. Der Lehrer hat nach mir gesucht, und die Kinder haben ihm dabei geholfen. Es sind doch nette Leute. Ich bleibe hier.

Gudrun Pausewang

8. Jesus und seine Zeit

Ziel: Jesus war ein frommer Jude, der in seiner Religion lebte. Die Kinder sollen lernen, dass das Christentum aus dem jüdischen Glauben entstanden ist und dass vieles im NT mit dem Wissen über das Judentum besser zu verstehen ist. Sie sollen auch erfahren, dass und wie jüdischer Glaube heute gelebt wird.

1. Teilschritt: Jesus lebte in Israel und war Jude

Arbeitsblätter: – Namensliste auf Hebräisch (vgl. Seite 120)
                    – (für Mitarbeiterinnen und Mitarbeiter) Lexikon jüdischer
                    Begriffe (vgl. Seite 122–124)

1. Welche Religion hast du?
Die Kinder sammeln, woran man erkennen kann, zu welcher Religion jemand gehört. Impulsfragen: In welche Kirche geht er, wie betet er, wie nennt er seinen Gott ...?
Sammeln, was die Kinder diesbezüglich von Jesus wissen (12-jähriger Jesus im Tempel, Besuch der Synagoge, Passah feiern, Beschneidung am achten Tag nach der Geburt und Namensgebung [Lukas 2,21]).
Die Sprache in Israel zur Zeit Jesus war Hebräisch, auch seine „Bibel" (Thora = 5 Bücher Mose) ist auf Hebräisch geschrieben. Jesus selbst hat wohl aramäisch (eine Art Dialekt des Hebräischen) gesprochen – aber das ist für die Kinder unwichtig.

2. Vorlesen einer Geschichte über das Judentum
aus M. und U. Tworuschka, Judentum – Islam, Düsseldorf 1988 oder dies., Die Weltreligionen Kindern erklärt, Gütersloh 1996.

3. Spielerische Umsetzung
Alternativ:
– Trendelspiel: Kreisel mit „Nun" = nichts, „Gimmel" = alles, „Heh" = halb, „Shin" = tu hinein. (Hintereinander gelesen: Ein großes Wunder ist geschehen). Jeder bekommt 10–15 Nüsse oder Rosinen, eine davon tut jeder Spieler in die Mitte, den Topf. Dann kreiselt jeder Spieler und erhält nach den Anweisungen des Kreisels nichts, die Hälfte, den ganzen Inhalt des Topfs oder er muss zwei Nüsse hineintun.
– Hebräisches Alphabet: Ein hebräisches Alphabet in Kopie verteilen und die Kinder dazu auffordern, ihren Namen in hebräischen Buchstaben zu schreiben. Achtung, nur die Konsonanten werden geschrieben, die Vokale denkt man sich bzw. schreibt sie mit entsprechenden Punkten unter oder neben die Konsonanten. Außerdem wird von rechts nach links geschrieben, auch die hebräischen Bücher fangen „verkehrt" herum an.

2. Teilschritt: Synagogenbesuch

Die Gruppe (dazu interessierte Eltern) fährt zu einer nahe gelegenen Synagoge. Ein Mitglied der Synagogengemeinde erläutert vieles zum jüdischen Glauben und zeigt die wichtigsten Gegenstände der Synagoge. Die Kinder dürfen sich alles anschauen und einiges auch anfassen.

3. Teilschritt: Die Synagoge

Arbeitsblatt: – Davidstern (vgl. Seite 121)

1. Rückblick
Erzählen, was vom Synagogenbesuch behalten wurde, und Fragen klären. Miteinander noch einmal die Führung durchgehen und sammeln, was für die Kinder eindrucksvoll war.

2. Ergebnissicherung durch Gestalten eines Davidsterns (vgl. Seite 121)
Die Kinder sollen in die sechs Ecken des Davidsterns die jüdischen Gegenstände oder Symbole malen, die ihnen einfallen. Außen herum können sie die passenden Namen schreiben (z.B. Menorah, Thora, Kipa, Synagoge, Sabbat ...). Wenn noch genügend Zeit ist, können die Kinder einen Teil des jüdischen „Glaubensbekenntnisses" dazu schreiben: 5. Mose 6,4-9; 11,13-21; 4. Mose 15,37-41.
Verständlich ist für die Kinder folgender Text:
„Höre, Israel, der Herr, unser Gott, ist ein einziger Herr. Und du sollst den Herrn, deinen Gott, lieb haben von ganzem Herzen, von ganzer Seele, von allem Vermögen ... Ich bin der Herr, euer Gott, der ich euch aus dem Lande Ägypten herausgeführt habe, dass ich euer Gott sei – ich, der Herr, euer Gott."

Name	Hebräisch	Name	Hebräisch
Alexander	אָלֶכְּסַנְדֶּר	Lukas	לוּקָאס
Anna	אָנַּא	Marvin	מַרְוִין
Annika	אָנִּיקָא	Maximilian	מַכְּסִימִילִיאָן
Benjamin	בֶּנְיָמִין	Melanie	מֵלָנִי
Carina	קָרִינָא	Mona	מוֹנָא
Dennis	דֶּנִּיס	Nina	נִינָא
Fabian	פָבִּיָאן	Patrick	פַּתְרִיק
Friederike	פְרִידֵרִיקֶ	Peter	פֵּתֶר
Jennifer	יֶנִיפֶר	Philipp	פִילִיפּ
Jonas	יוֹנַאס	Pia	פִּיָא
Kai	קַאי	Rebecca	רֵבֵּקָה
Katrin	קַתְרִין	Richard	רִיכָרְד
Kim	קִים	Ronja	רוֹנְיָא
Lea	לֵאָה	Sarah	שָׂרָה
Leon	לֵאוֹן	Tim	תִּים
Lisa	לִיסָא		

Achtung: Hebräische Buchstaben liest man von rechts nach links.

Der Davidstern –
Zeichen der Juden

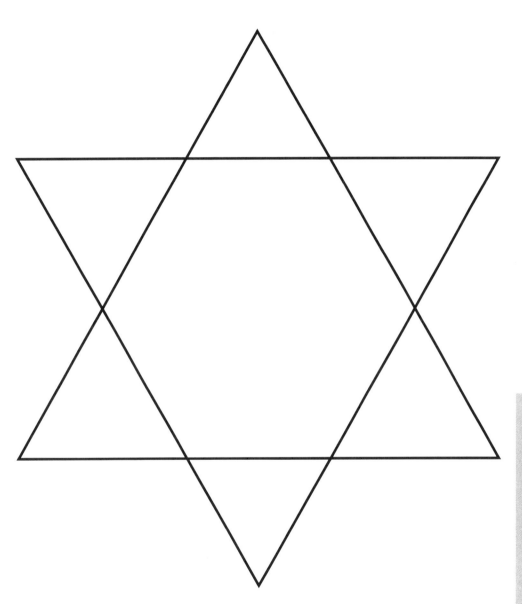

Male Gegenstände, die zum jüdischen Glauben gehören,
in die Felder des Davidsterns.

Kleines Lexikon jüdischer Begriffe

Bar Mizwa
bezeichnet den Jungen, der das 13. Lebensjahr vollendet hat und damit als vollwertiges Gemeindemitglied verpflichtet wird, alle religiösen Gebote zu erfüllen. Die Ausdehnung dieser religiösen Volljährigkeit auf Mädchen (= Bat Mizwa) ist neueren Datums und wird vor allem in reformierten Gemeinden durchgeführt.

Beschneidung
(Milah) wird als rituelle Handlung an allen männlichen Juden am achten Tag nach der Geburt durch den Mohel vollzogen. Sie ist Ausdruck jüdischer Identität und gilt als Zeichen des Bundes, den Gott mit seinem Volk geschlossen hat.

Bimah
erhöhter Platz zumeist in der Mitte der Synagoge, von wo aus die Tora verlesen wird.

Chanukka
Lichterfest, welches jährlich für acht Tage im November/Dezember zur Erinnerung an die Wiedereinweihung des Tempels nach seiner Entweihung gefeiert wird. Nach einer Legende reichte das wenige Öl, das die Makkabäer im Heiligtum vorfanden, wunderbarerweise für acht Tage.

Chanukka-Leuchter
achtarmiger Leuchter mit einem neunten Arm, der nur zum Anzünden des Lichts dient, wird zur Erinnerung an das Wunder am Chanukka-Fest entzündet – beginnend mit einem Licht am ersten Tag usw.

Davidstern
aus zwei ineinander geschobenen Dreiecken bestehend, dient seit dem 19. Jahrhundert als Symbol des Judentums.

Gebetsmantel
(Tallit) viereckiges Tuch aus Wolle, Baumwolle oder Seide zum Umhängen in weiß, zumeist mit einigen blauen Streifen versehen. Er wird von männlichen Juden zum Morgengottesdienst und vom Vorbeter (Chazzan) zu allen Gebetszeiten getragen. Streng orthodoxe Juden legen den Gebetsmantel bereits zu Haus an und bedecken während des Gebets den Kopf, während in den Reformgemeinden nur Rabbiner und Kantoren den Mantel umlegen, die männlichen Gläubigen hingegen nur einen schmalen Gebetsschal tragen.

Gebetsriemen
(Tefillin) zwei schwarze Lederkapseln, die von männlichen Juden am linken Arm (= Seite des Herzens) und an der Stirn festgebunden und beim Morgengebet der Wochentage getragen werden. Sie enthalten je zwei auf Pergament geschriebe-

ne Bibelstellen aus dem zweiten und fünften Buch Mose zur Erinnerung an das biblische Gebot, dass die Tora „zum Zeichen an deiner Hand und zum Erinnerungsmal zwischen deinen Augen" sein soll (2. Mose 13,9).

Jom Kippur
Versöhnungstag als Tag der Ruhe und der Einkehr, an dem sich gläubige Juden mit Gegnern aussöhnen und, falls eine Schuld besteht, Freunde und Familienmitglieder um Vergebung bitten, um so vor Gott treten und um Vergebung der Sünden beten zu können. Der Jom Kippur gilt als sehr strenger Fasten- und Bußtag, der meistenteils in der Synagoge verbracht wird. Es ist der letzte Tag des jüdischen Neujahrsfestes Ro'sh ha-Shanah.

Kipa
flaches, rundes Käppchen, das die jüdischen Männer als eine Art Bekenntniszeichen während des Gottesdienstes in der Synagoge tragen.

Koscher
jiddische Bezeichnung für rituelle Tauglichkeit wohl bezüglich der Begriffe „rein" und „unrein" (z.B. dürfen heilige Dinge wie die Tora nicht berührt werden, gelten mit bestimmten Krankheiten infizierte Menschen oder nicht fließendes Wasser als unrein) als auch für die Speisegebote. So dürfen Milch- und Fleischspeisen niemals zusammen gegessen werden, darf Fleisch kein Blut enthalten, welches eine besondere Schlachtmethode, das Schächten, erfordert. Schweinefleisch ist grundsätzlich verboten.

Laubhüttenfest
(Sukkot) ursprünglich ein Erntedankfest. Es dient der Erinnerung an die Zeit des Auszugs aus Ägypten. Es wird im September/Oktober gefeiert.

Menorah
siebenarmiger Leuchter, gleichzeitig das am häufigsten abgebildete jüdische Motiv und das älteste Symbol des jüdischen Volkes.

Passah-Fest
(Pessach) wird als bedeutendstes Jahresfest zur Erinnerung an die Befreiung des Volkes Israel aus der Sklaverei in Ägypten begangen. Es ist ein Familienfest, an dem der Vater den Kindern und der häuslichen Gemeinde die Exodusgeschichte erzählt. Die ungesäuerten Mazzen, eine Brotart, erinnern, dass einst keine Zeit blieb, Sauerteig zu backen. Salzwasser steht als Erinnerung an die Tränen. Charoset, eine Mischung aus Äpfeln, Nüssen, Rosinen, Wein und Zimt, für Lehm und ein gekochtes Ei und ein gebratener Lammknochen für das Tempelopfer.

Ro'sh ha-Shanah
jüdisches Neujahrsfest, welches im September zur Erinnerung daran gefeiert wird, dass Gott die Welt erschaffen hat. Es dauert zehn Tage und endet mit dem Jom Kippur.

Sabbat
der siebte Tag als Ruhetag zur Erinnerung an das Ruhen Gottes nach der Erschaffung der Welt und an den Auszug aus Ägypten. Er ist der Höhepunkt der jüdischen Woche und beginnt am Vorabend (Freitag) und endet am Samstagabend nach Eintritt der Dunkelheit. Am Sabbat herrscht absolute Arbeitsruhe.

Schächten
ist die rituelle Schlachtmethode, die nach festgelegten Vorschriften von einem Fachmann (Shochet) mittels eines speziellen Schächtmessers durchgeführt wird. Ziel dieser Methode ist das völlige Ausbluten des Schlachttieres. Dazu muss der Schnitt möglichst in einem Zug gleichzeitig Halsschlagader und Luftröhre durchtrennen, wodurch die sofortige Bewusstlosigkeit des Tieres erreicht wird.

Shema' Jisra'el
(Höre, Israel) jüdisches Hauptgebet, benannt aus den Anfangsworten aus 5. Mose 6,4. Es wird im Synagogengottesdienst beim täglichen Morgen- und Abendgottesdienst gebetet.

Tora
enthält die fünf Bücher Mose. Dieser Text wird von besonders ausgebildeten Schreibern für die Verwendung im Gottesdienst auf Pergament geschrieben, welches auf zwei Stäben aufgerollt wird. Die Rolle wird in der Synagoge in einem dafür vorgesehenen Schrein verwahrt, der mit einem reich verzierten Vorhang versehen ist. Ist eine Torarolle abgenutzt, so landet sie nicht im Müll, sondern wird auf dem Friedhof beerdigt.

Tora-Zeiger
(Jad) Da es verboten ist, die Torarolle zu berühren, wird zur Lesung im Gottesdienst ein kunstvoll oft aus Gold, Silber oder Elfenbein gearbeiteter Lesestab in Form einer Hand verwendet.

9. Martin Luther – evangelisch, katholisch, ökumenisch

Ziel: Kennenlernen der beiden großen christlichen Konfessionen. Grundkenntnisse über Martin Luther vermitteln.

1. Teilschritt: Martin Luther Entdeckung: Vor Gott brauche ich keine Angst zu haben

Arbeitsblätter:
  – Ereignisse im Leben Martin Luthers (vgl. Seite 127)
  – Ereignisse im Leben Martin Luthers – Lösungen (vgl. Seite 128)
  – Erzählung über Martin Luther (dreiteilig, vgl. Seite 129–132) Daten aus Luthers Leben als zusammenfassende Information.
  – Martin Luther Wappen zum Anmalen (vgl. Seite 133)

1. Erzählung von Martin Luther (vgl. Seite 129-132)
Erzählung vorlesen.

2. Bilderbogen bearbeiten
Jedes Kind bekommt den Bilderbogen und schreibt unter die Bilder, welches Ereignis im Leben Martin Luthers dargestellt ist. Eventuell auch beim Vorlesen unterbrechen und die Bearbeitung der einzelnen Bilder dazwischen schieben. Bilder anmalen lassen.

3. Luther-Rose
Die Luther-Rose als Luthers Familienwappen erklären und anmalen lassen.

2. Teilschritt: Was ist evangelisch, was ist katholisch?

Arbeitsblätter:
  – Begriffe aus der evangelischen und katholischen Kirche (vgl. Seite 134)
  – Katholisch, evangelisch oder ökumenisch? (vgl. Seite 135)
  – Spezialquiz für alle KU 3-Kinder (vgl. Seite 136)

1. Evangelisch, katholisch
Die Kinder werden ermuntert zu erzählen, was sie über die beiden Begriffe wissen. Vielleicht kann man ein großes Papier in die Mitte des Tisches legen, zwei Spalten mit der Überschrift „Was ist evangelisch?" und „Was ist katholisch?" anlegen und dann die Kinder ihre Erfahrungen/Vorstellungen hineinschreiben lassen. Gesprächsanregende Fragen etwa wie: „Wie ist es in eurer Klasse, wie viel evangelische Kinder seid ihr? Wie wird man evangelisch oder katholisch? Gibt es noch eine andere Religionszugehörigkeit? Was ist im katholischen Gottesdienst anders als im evangelischen?" können ein stockendes Gespräch beleben. Insgesamt haben die Kinder ja durch die Schule viele Begegnungen mit der katholischen Kirche und werden auch viel davon zu erzählen wissen.

2. Arbeitsbogen Ökumene (vgl. Seite 134)

Jedes Kind soll die vorgegebenen Begriffe in die entsprechenden Bereiche kleben: Begriffe, die für beide Kirchen gelten, gehören in die Mitte, Begriffe, die nur für eine Kirche gelten, entweder in den katholischen oder in den evangelischen Bereich.

Es macht Spaß, dies mit einem Spiel zu verbinden Die Begriffe werden entsprechend der Zahl der Kinder kopiert und die Zettel zu einem Begriff in ein Filmdöschen gelegt (37 werden dafür benötigt). Je ein Kind erwürfelt eine Dose und versucht, den Begriff zu klären. Dann wird der Begriff verteilt und jedes Kind klebt ihn richtig auf. Dies geht so lange, bis alle Begriffe aufgeklebt sind.

Lösung:

Ökumenisch: Bibel, Lieder, Sternsingen, Kinderbibelwoche, Pfarrer, Gottesdienst, Taufe.

Evangelisch: Gesangbuch, Konfirmation, Pastorin/Pastor, Talar, Reformationstag, Martin Luther.

Katholisch: Gotteslob, Weihwasser, Erstkommunion, Firmung, Priester, Messgewand, Papst, Ewiges Licht.

Ereignisse im Leben von Martin Luther

Ereignisse im Leben von Martin Luther (Lösung)

Martin Luther wird in Eisleben geboren.

Bei einem Gewitter erschrickt sich Martin sehr. Er fürchtet sich vor Gott. Er verspricht, Mönch zu werden.

Martin geht ins Kloster.

Viele Reiche können sich durch Ablass von ihren Sünden loskaufen.

Luther protestiert gegen den Ablasshandel. Nur Gott kann Sünden vergeben. Gott ist wie ein Vater.

Als „Junker Jörg" übersetzt Luther die Bibel ins Deutsche. Alle sollen die frohe Botschaft lesen können.

Luther-Erzählung 1

Es ist vor 500 Jahren. In Deutschland leben noch Ritter auf den Burgen. In den Wäldern heulen Wölfe. Kolumbus hat Amerika noch nicht entdeckt.

In dem kleinen Ort Eisleben in Thüringen wird am 10. November 1483 Martin Luther geboren. Am nächsten Tag wird er getauft. Weil dies der Tag des Heiligen Martin ist (11. November),wird der Junge Martin genannt. Martin hat acht Geschwister. Sein Vater ist Bergmann. Die Eltern sind arm und müssen hart arbeiten. Die Kinder müssen viel helfen. Martin muss mit Holzpantoffeln zur Schule gehen. Oft bekommt er nur ein Stück trockenes Brot und ein paar Nüsse für den ganzen Tag mit. Die Erziehung zu Hause und in der Schule ist sehr streng. Oft werden die Kinder mit der Rute geschlagen. Jeden Sonntag geht die Familie zum Gottesdienst.

Martin ist ein guter Schüler. Er lernt Lesen und Schreiben und auch schon Latein. Besonders gerne mag er die Musik und das Singen. Damals gingen die Schüler oft von Haus zu Haus, sangen ein Lied vor und bekamen dafür ein bisschen Brot. Martin macht bei diesem Schülersingen oft mit.

Als Martin mit der Schule fertig ist, schickt ihn der Vater zur Universität nach Erfurt. Er soll Rechtsanwalt werden. Doch alles kommt ganz anders. Eines Tages überrascht ihn ein schlimmes Gewitter. Ein greller Blitz schlägt direkt neben ihm ein. Er will nicht sterben! In seiner Todesangst ruft er. „Hilf, heilige Anna, ich will ein Mönch werden."

Hinterher zittert Martin vor Schrecken am ganzen Leib. Er denkt: „Der Blitz! Fast hätte er mich getötet. Das ist ein Zeichen von Gott. Er will, dass ich mein Leben ändere. Er will, dass ich als Mönch ins Kloster gehe. Als Mönch bin ich näher bei Gott als die anderen Menschen draußen in der Welt. Gott hat mich als Mönch lieber. Dann brauche ich mich nicht mehr vor dem Tod zu fürchten."

Martin hält sein Versprechen. Zwei Wochen nach dem Gewitter feiern die Studenten in Erfurt ein Sommerfest. Sie essen und trinken, sie singen und lachen. Alle sind fröhlich. Mitten im Fest steht Martin auf. Er sagt zu seinen Freunden: „Ich bin heute zum letzten Mal dabei. Ich habe versprochen, Mönch zu werden und ins Kloster zu gehen. Ich will mein Versprechen halten. Morgen früh trete ich ins Kloster ein. Gott will es so." Die Freunde lachen: „Das war ein guter Scherz, Martin. Komm, setz dich wieder und vergiss dein Versprechen." Aber Martin hat nicht gescherzt. Er verteilt seinen Besitz unter die Freunde. Er sagt: „Ihr werdet mich nicht wiedersehen." Die Freunde sind sehr traurig und versuchen, ihn zurückzuhalten. Auch sein Vater ist ganz dagegen, dass Martin Mönch wird. Aber am nächsten Morgen geht Martin Luther in aller Frühe durch die Stadt zum Kloster. Er klopft an die Pforte und bittet um Einlass. Hinter ihm schließt sich die Tür.

Das Leben im Kloster ist streng. Der Vorsteher des Klosters gibt Martin in der Kapelle das Mönchskleid: einen langen weißen Wollrock und eine Kutte aus grobem, schwarzem Stoff. Der Vorsteher sagt: „Du bist jetzt ein neuer Mensch. Von nun an dienst du nur noch Gott." Martin schläft in einer kleinen Zelle. Sie ist kahl, eng und kalt. Die Mönche beten täglich viele Male. Sie dürfen nur zu ganz bestimmten Zeiten miteinander sprechen. Es gibt nur zwei einfache Mahlzeiten am Tag. Häufig muss Martin betteln gehen.

Martin gibt sich im Kloster große Mühe, Gott zu gefallen. Tag und Nacht liest er in der Bibel. Stundenlang liegt er auf den Knien und betet. Er schläft und isst wenig. Er betet zu den Heiligen. Manchmal schlägt er sich sogar mit einer Peitsche, um sich selbst für seine Sünden zu bestrafen. Wie viele andere Leute damals denkt Martin Luther: Wenn ich sterbe, wird Gott mein Richter sein, und dann muss ich für meine Sünden in einem großen Feuer büßen. Fegefeuer nennen es die Leute. Aber was auch immer Martin Luther unternimmt, die große Angst vor Gottes Strafen geht nicht weg. Sie lastet auf ihm wie ein schwerer Stein.

Luther-Erzählung 2

Martin Luther ist jetzt Lehrer für Religion in Wittenberg. Er unterrichtet die Studenten und erklärt ihnen die Bibel. Sein Arbeitszimmer ist im Turm des Klosters. Martin Luther sitzt in seinem Turmzimmer und liest die Bibel. Er liest nun schon den ganzen Tag. Er will seinen Studenten den Brief des Paulus an die Christen in Rom erklären. Aber er kommt nicht voran. Er denkt nach und schüttelt den Kopf. Er blättert in seinen Büchern. Aber es nützt alles nichts.

Martin Luther denkt: „Ich kann nicht mehr. Ich gebe es auf. Dieser Satz von Paulus: Gott ist gerecht – den werde ich nie verstehen. Das kann doch nicht wahr sein. Gott verlangt zu viel von den Menschen. Er richtet wie ein strenger Richter über meine Sünden. Wie ein Kaufmann rechnet er alles zusammen, was ich falsch mache. Gott ist zu streng, er ist grausam und unbarmherzig. Ich hasse ihn!"

Plötzlich hebt Martin Luther den Kopf. Schnell nimmt er seine Bibel und blättert. Auf einmal fängt er an zu lachen. Er lacht und lacht. „Endlich habe ich den Satz verstanden!", ruft er. „Ich habe den Satz nur nicht zu Ende gelesen. Es heißt: *Gott ist gerecht: Wer darauf vertraut, der wird leben.*" Von den Sünden steht da nichts. Gott hat uns lieb. Wir gehören zu ihm. Er ist für uns wie ein Vater. Wir können ihm vertrauen. Wir brauchen keine Angst vor ihm zu haben."

Da klopft es an der Tür. Ein anderer Mönch betritt das Turmzimmer. „Johannes, bist du es?", ruft Martin Luther. „Du kommst genau zur rechten Zeit. Du, ich habe es endlich verstanden, was das in der Bibel heißt: „Gott ist gerecht!" „Und was bedeutet es?", fragt Johannes gespannt. „Ich habe diesen Satz bis heute falsch verstanden", sagt Martin Luther. „Ich habe gefastet und gebettelt und mich selbst geschlagen. Ich habe alle möglichen guten Werke getan. Aber meine Angst konnte ich damit nicht vertreiben. Ich dachte, dass Gott mich hasst. Ich dachte, ich müsste immer noch mehr gute Werke tun. Ich war ganz verzweifelt. Aber auf einmal wurde mir klar: Unsere Werke sind gar nicht nötig. Wir sollen Gott vertrauen wie einem guten Vater. Das genügt. Gott schenkt uns das Leben. Er macht uns gerecht. Ich brauche keine Angst mehr vor ihm zu haben."

Luther-Erzählung 3

Als Martin Luther lebte, vor etwa 500 Jahren, da hatten die Leute große Angst vor Gottes Strafen. Sie dachten: Wenn ich gestorben bin, dann wird meine Seele in einem großen Feuer, dem Fegefeuer, für alle meine Sünden bestraft. Davor fürchteten sich die Leute sehr.

Damals gab es Priester in der Kirche, die sagten den Leuten. „Wenn ihr uns Geld gebt, dann kommt ihr nicht ins Fegefeuer. Und eure Verwandten, die schon tot sind, die werden dann auch nicht mehr im Fegefeuer gequält. Also gebt uns Geld, wir geben euch eine Bescheinigung darüber (man nannte das den Ablassbrief), dann braucht ihr keine Angst mehr vor Gott zu haben." Diese Priester hatten auch einen Werbevers für ihren „Ablass": „Sobald das Geld im Kasten klingt, die Seele aus dem Fegefeuer in den Himmel springt."

Als Martin Luther von diesen Ablassbriefen hört, die die Leute kaufen sollen, da wird er ganz wütend und sagt: Das ist ganz falsch, dass die Leute Geld geben sollen, weil sie Angst haben vor Gott. Wir sollen doch darauf vertrauen, dass Gott uns lieb hat und uns unsere Fehler verzeiht. Dafür müssen wir ihm kein Geld bezahlen. Außerdem steht in der Bibel von den Ablassbriefen nichts drin.

Luther schreibt diese Gedanken auch auf und nagelt das Papier an die Tür seiner Kirche in Wittenberg. Und plötzlich wird Luther in ganz Deutschland berühmt. Viele Leute hören und lesen, was Martin Luther gegen den Ablass sagt, und denken: Er hat Recht. Wir müssen nicht aus Angst vor Gott einen Ablassbrief kaufen.

Aber viele Priester und Bischöfe, auch der Papst in Rom, die ärgern sich über das, was Luther sagt und schreibt. Sie verdienen ja viel Geld mit den Ablassbriefen, und sie wollen nicht, dass Luther ihnen ihr Geschäft kaputtmacht. Deswegen sagen sie Luther: „Sei still; was du sagst, ist dumm und falsch." Aber Luther lässt sich nicht einschüchtern. Und immer mehr Menschen in Deutschland sagen: Martin Luther hat Recht. Die Kirche muss sich ändern und aufhören mit dem Ablass.

Schließlich wird Martin Luther nach Worms eingeladen. Er wird dort von den allermächtigsten Leuten verhört, von den Bischöfen und Fürsten und vom Kaiser. Sie fragen ihn: „Bleibst du bei dem, was du gegen die Kirche gesagt und geschrieben hast? Oder gibst du zu, dass du Unrecht hast?"

Im Saal ist es ganz still. Alle sehen gespannt auf Martin Luther. Aber er ist sehr mutig. Er steht auf und sagt: „Ich nehme nichts zurück. Ich bin überzeugt: Es ist alles richtig, was ich geschrieben habe. Das steht alles auch so in der Bibel. Die Bibel ist für mich das Wichtigste." Da werden die Fürsten und Bischöfe und der Kaiser böse. Dieser kleine Mönch aus Wittenberg wagt es, der Kirche und dem Papst zu widersprechen? Der muss verschwinden! Deshalb verurteilen sie ihn und sagen: Er ist vogelfrei. Das heißt: Er ist ausgestoßen. Keiner darf ihm helfen. Jeder darf ihn töten.

Jetzt ist Martin Luther in Lebensgefahr. Und auf dem Rückweg nach Hause wird seine Kutsche mitten im Wald von Rittern überfallen. Die holen ihn aus der Kutsche heraus, setzen ihn auf ein Pferd und reiten mit ihm weg. Alle denken:

Sie haben ihn getötet. Viele Menschen in Deutschland sind traurig, dass Martin Luther nicht mehr da ist.

Aber in Wirklichkeit ist alles ganz anders: Der Überfall geschah, um Martin Luther zu schützen. Ein Freund hat ihn entführt und auf die Wartburg bringen lassen. Dort findet ihn keiner. Er heißt dort auch nicht mehr Martin Luther, sondern Junker Jörg, als wäre er ein junger Ritter. Auf der Wartburg übersetzt Luther einen Teil der Bibel, das Neue Testament, ins Deutsche, damit die Deutschen selber die Bibel lesen können. Später, als die Gefahr nicht mehr so groß war, ist Luther dann von der Wartburg zurückgekehrt nach Wittenberg. Noch später haben dann viele Christen in Deutschland und anderswo gesagt: Luther hat Recht. Die Kirche braucht eine Erneuerung (Reformation). So ist unsere Evangelische Kirche entstanden.

Die Lutherrose

Martin Luther wurde ein berühmter Mann. Deshalb sollte er sich auch ein Familienwappen geben. Er hat in sein Wappen die Dinge eingezeichnet, die ihm in seinem Leben sehr bedeutsam waren.

Malt die Rose an.
Symbole und Farben haben eine Bedeutung:

Das Herz ist rot:	Das Herz steht für das, was ich denke und fühle.
Das Kreuz ist schwarz:	Jesus starb am Kreuz, weil er die Menschen liebte.
Die Rose ist weiß:	Weiß ist die Farbe der Engel. Sie haben Luther behütet auf seinem Weg.
Der Ring ist golden:	Gold ist die Farbe für Gott. So wie ein Ring keinen Anfang und kein Ende hat, so hat auch Gottes Liebe keinen Anfang und kein Ende.
Der Zwischenraum zwischen Rose und Ring ist blau:	Blau weist auf den Himmel hin, der die Welt umspannt. Überall ist Gott nahe. Nach dem Tod kann ich bei Gott im Himmel sein.

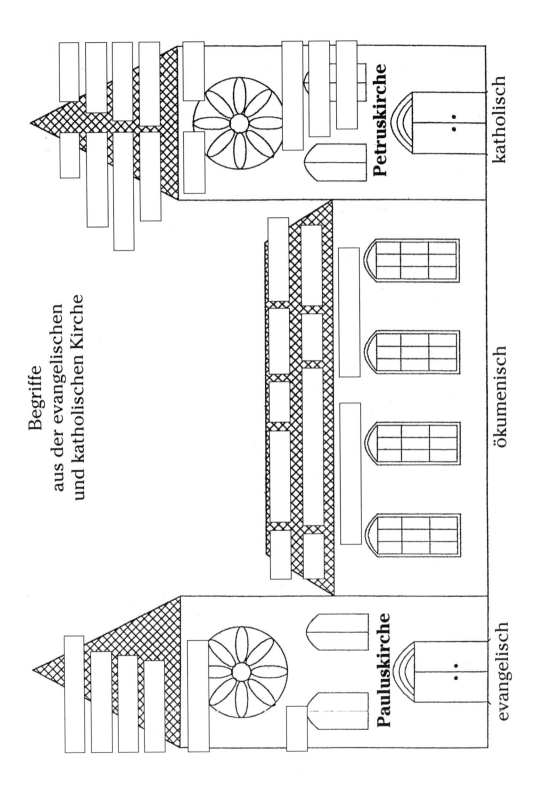

Begriffe
aus der evangelischen
und katholischen Kirche

Petruskirche

katholisch

ökumenisch

Pauluskirche

evangelisch

Katholisch, evangelisch oder ökumenisch?

Bibel	Konfirmation	Fronleichnam
Martin Luther	Allerheiligen	Beichtstuhl
Marienverehrung	Reformationstag	Ewiges Licht
Lieder	Sternsingen	Pastor
Pfarrerin	Talar	Tabernakel
Papst	Pastorin	Pfarrer
Taufe	Gottesdienst	Trauung
Beerdigung	Weihwasser	Gotteslob
Kreuzzeichen	Erstkommunion	Priester
Kinderbibelwoche	Beichte	Messgewand
Stola	Gebete	Firmung
Glaubensbekenntnis	Gesangbuch	Zehn Gebote
	Abendmahl/ Eucharistie	

Spezialquiz für alle KU 3-Kinder

Name: _____

- Wie viele Gebote
  erhielten die Menschen von Gott? _____

- Welche Nahrungsmittel wurden
  bei der „Speisung der Fünftausend" verteilt? _____

- Wem hat Gott die Steintafeln
  mit den Geboten gegeben? _____

- Wie hießen die Kirchen zu der Zeit,
  als Jesus lebte? _____

- Nenne drei Gegenstände,
  die du in unserer Kirche findest:
  1. _____

  2. _____

  3. _____

- Kreuze die richtige Antwort an.
  Martin Luther war:
  ( ) Mönch

  ( ) Arzt

  ( ) Apotheker

- Geboren wurde Martin Luther:
  ( ) 1483

  ( ) 1848

  ( ) 1983

- Schreibe einen Begriff auf, der in der evangelischen
  Kirche vorkommt, aber nicht in der katholischen:

  _____

- Luther protestierte gegen den Ablasshandel.
  Wer kann seiner Meinung nach nur Sünden vergeben?

  _____

10. Ostern – Jesus lebt

Ziel: Mit der Kreuzigung ist nicht alles zu Ende. Jesus begegnet den Frauen, den Jüngern und vielen anderen (siehe Apostelgeschichte) als Auferstandener. Die Menschen bekommen plötzlich in ihrer Trauer wieder Mut und Lebensfreude und verbreiten die Botschaft der Auferstehung durch Weitersagen.

1. Teilschritt: Jesus geht mit den Jüngern

1. Der biblische Text (Neukirchener Kinder-Bibel, Nr. 46)
Geschichte vorlesen und mit den Kindern die Stimmung der Jünger besprechen: Wandel von tiefer Traurigkeit und Hoffnungslosigkeit, Ratlosigkeit zu einem Sich-besser-fühlen während des Weges und schließlich bis hin zu einer großen Freude und zu dem Bedürfnis, über den lebendigen Herrn zu erzählen.

2. Meditatives Kratzbild
Analog bedeutet:
• die bunte Fläche – das Leben Jesu und Hoffnung
• schwarz übermalt – Sterben, Tod, Hoffnungslosigkeit
• Freikratzen – durch Begegnung mit dem Auferstandenen entstehen Farbe, Bewegung und Leben.
Auf weißem Tonpapier (Din A4) werden bunte Flächen mit Wachsfarben (am besten mit Wachsblöcken) gelegt. Dabei können die Kinder an ihre Wünsche und an schöne Dinge denken, die ihnen Freude schenken. Ist die Fläche bunt bedeckt, wird eine dicke schwarze Wachsschicht darüber aufgetragen – in Gedanken sind die Kinder vielleicht bei den misslungenen Dingen, bei denen sie traurig machenden Erfahrungen. In diese schwarz abgedeckte Fläche wird jetzt mit Schaben ein Bild freigelegt. Thema des Bildes soll der Gang der Emmaus-Jünger sein, während sie froh werden, dass Jesus mit ihnen geht, oder auch das Abendessen in Emmaus, als die Jünger Jesus erkennen. Je mehr große, freie Flächen in das Schwarz hineingekratzt werden (Tisch, Stuhl, Haus, Weg, Landschaften), umso fröhlicher wirkt das Bild.
Zur Technik: Viel Zeitung zum Abdecken benutzen und aufpassen, dass die frei gekratzten schwarzen Wachsflöckchen nicht unter den Schuhen kleben (und so weiter malen ...). Leider ist diese Technik mit viel Schmutz verbunden.

2. Teilschritt: Nicht sehen und doch glauben

Arbeitsblätter: – Geschichte „Eine Oma für Kathrinchen" (vgl. Seite 139–142)
                – Osterlandschaft (vgl. Seite 143)
                – Fallschirm basteln (vgl. Seite 144)
                – Schmetterling basteln (vgl. Seite 145)
                – zwei Osterspiralen (vgl. Seite 146–147)
                – Ostergarten (vgl. Seite 148)

– Rebus-Rätsel zu Ostern (vgl. Seite 149), Lösung: „Er ist erstanden."

1. Thomas fällt es schwer zu glauben
Neukirchener Kinder-Bibel, Nr. 45 und 47.
Schon damals fiel es den Jüngern schwer, die Auferstehung Jesu zu glauben, wenn sie ihren Herrn nicht direkt erlebt hatten – wie die Emmaus-Jünger. Vielleicht erzählt man kurz den Inhalt der ersten Geschichte (die Frauen am Grab) und liest dann die zweite mit dem Schwerpunkt vor, dass Thomas nicht durch die Berichte und Erzählungen den anderen glaubt, sondern erst aufgrund seiner tatsächlich erlebten und erfühlten Begegnung mit dem Auferstandenen.

2. Was glaube ich, obwohl ich es nicht sehe
Gespräch: Von Dingen, die man nicht sehen kann, die es aber dennoch gibt.
Gespräch über den Begriff „Glauben". Dabei werden die Kinder herausfinden, dass Glauben viel mit Vertrauen zu tun hat.

3. Vertiefen durch Basteln
Alternativen:
- *Schmetterlinge* (vgl. Seite 143): Symbol des Lebens, weil sich aus der Raupe und aus einer (wie tot aussehenden) Puppe tatsächlich ein Schmetterling entwickelt. Aus Tonpapier schneiden und mit Buntpapier bekleben. Als Körper kann man eine Holzklammer nehmen und das Ganze am Faden aufhängen. Oder die Flügel aus Transparentpapier schneiden, den Körper aus Tonpapier basteln. Die fertigen Tiere kann man dann ans Fenster hängen oder kleben.
- *Samenbild* kleben: ein Bild mit einfachen Formen vorzeichnen und die einzelnen Flächen mit Leim bestreichen und mit unterschiedlichen Samen bestreuen: Senf, Kresse, Pfefferkörner, Mohn, Kümmel ... Der Samen verweist darauf, dass sich aus etwas Kleinem, das wie tot aussieht, eine große, lebendige Pflanze entwickeln kann.
- *Fallschirmspringer* (vgl. Seite 142): Er vertraut dem Fallschirm, dass er sich öffnet und ihn trägt – Zeichen für Vertrauen. Aus Plastikfolie, Wollfäden und Klammer oder Männchen basteln und fliegen lassen.
- *Spirale* zum Aufhängen (vgl. Seite 144–145): bunt angemalt, ausgeschnitten, zusammengeklebt und ans Fenster gehängt ein wunderschönes Windspiel. Inhalt: Die Botschaft von Jesu Auferstehung nimmt die Traurigkeit und zieht durch Weitersagen weite Kreise. Die Spirale ist so konstruiert, dass sie sich von außen nach innen und umgekehrt zu drehen scheint.

Eine Oma für Kathrinchen

Kathrinchen und Mama wohnen zusammen in einem der neuen Wohnblöcke am Bahndamm. Sie hatten dort eine kleine Wohnung, die Mama hübsch eingerichtet hatte mit hellen, freundlichen Möbeln und bunten Gardinen an den Fenstern.

Kathrinchen konnte zufrieden sein. Sie hatte es schön in der neuen Wohnung. Wenn sie nur nicht so oft hätte allein bleiben müssen!

Mama arbeitete in der Stadt in einem Büro und war den ganzen Tag nicht zu Hause. Wenn Kathrinchen mittags aus der Schule kam, war die hübsche, kleine Wohnung leer und langweilig, und es war niemand da, mit dem sie reden konnte.

„Wenn ich wenigstens irgendwo in der Nähe eine Oma hätte, wie die meisten anderen Kinder", klagte sie.

„Ach ja, das würde mir auch gefallen", sagte Mama.

Und sie malten sich aus, wie die Oma sein müsste, die sie sich wünschten. „Sie hätte weiße Haare und gute, freundliche Augen", sagte Mama. „Und sie hätte immer irgendein Strickzeug in den Händen wie die Frauen im Park." – „Und ich könnte jederzeit zu ihr hingehen, wenn ich Lust hätte, nicht wahr?", rief Kathrinchen.

„Ja, gewiss! Sie würde nämlich in einem der kleinen Häuschen hinter dem Bahndamm wohnen. Und sie hätte immer ganz viel Zeit!"

„Sie würde mir Geschichten erzählen, nicht wahr, Mama!"

„Alles, was du hören willst", erwiderte Mama. „Sie würde eine große Kanne Kakao kochen und eine Tüte Kekse aufmachen. Und ihr würdet in ihrer kleinen Küche beisammen sitzen und miteinander reden. Und weißt du was? Ganz hinten im Küchenschrank hätte sie eine Dose voll der herrlichsten Süßigkeiten. Und jedesmal, wenn du weggingst, dürftest du dir ein Bonbon oder einen Kaugummi herausnehmen für den Heimweg."

„Ach ja", seufzte Kathrinchen. Und Mama sah sie mitleidig an und seufzte auch.

Eines Tages aber, als Mama von der Arbeit kam, hüpfte Kathrinchen auf einem Bein um den Küchentisch und sang: „Ich habe eine Oma! Ich habe eine Oma!"

„Was singst du da?", fragte Mama verwundert.

„Ich habe eine Oma!", rief Kathrinchen. „Stell dir vor, sie saß im Park auf einer Bank und strickte."

„Ach so", sagte Mama. „Und du gingst zu ihr hin und sagtest: ‚Guten Tag, hätten Sie nicht Lust, meine Oma zu werden? Ich suche nämlich eine.' Und sie hat gelächelt und erwidert: ‚Aber gerne! Solch ein nettes Enkelkind wie dich wünsche ich mir schon lange."

„Ja", sagte Kathrinchen. „Ganz genau so war es!"

„Sieh mal an", verwunderte sich Mama. „Das hätte ich nicht gedacht, dass es so leicht ist, eine Oma zu bekommen."

„Ja, denk nur", sagte Kathrinchen, „ganz leicht."

Von nun an hörte sie nicht mehr auf, über ihre neue Oma zu reden. Jeden Abend berichtete sie Mama, was sie miteinander erlebt hatten. „Wir sitzen immer auf der Bank am Goldfischteich", sagte sie. „Oma hat ihr Strickzeug dabei und strickt immerzu, und ich darf mich zu ihr setzen. Und sie erzählt mir alle Geschichten, die ich hören will. Stell dir vor, Mama, sie ist auf einem Bauernhof groß geworden! Sie hatte eine große Familie und viele Tiere, und sie waren immer alle beisammen. Sie musste niemals allein sein."

Mama sah Kathrinchen nachdenklich an und schwieg. Kathrinchen redete und erzählte und wusste immer noch etwas Neues. Und Mama hörte zu und sagte nichts. Aber einmal, als Kathrinchen gerade wieder einmal so richtig in Fahrt war, fragte Mama plötzlich: „Ihr wart heute wohl wieder den ganzen Nachmittag zusammen, du und Oma?"

„Ja, den ganzen Nachmittag", antwortete Kathrinchen.

„Komisch", sagte Mama. „Heute Nachmittag hatte ich für das Büro hier in der Nähe etwas zu erledigen. Da bin ich extra durch den Park gegangen, um dich und Oma zu sehen. Aber ich konnte euch nirgends finden. Und auf der Bank am Goldfischteich saßen zwei alte Männer."

„So?", sagte Kathrinchen unsicher, und auf ihrer Stirn erschien eine nachdenkliche Falte. „Ach ja, jetzt weiß ich's!", rief sie dann. „Wir sind weggegangen und haben Goldfischfutter gekauft. Manchmal füttern wir nämlich die Goldfische. Und als wir zurückkamen, saßen diese zwei alten Männer auf unserer Bank. Da haben wir uns woanders hingesetzt."

„Hm!", machte Mama. „Weißt du was, ich komme morgen noch einmal vorbei. Kannst du das wohl der Oma ausrichten, damit sie nicht gerade wieder Goldfischfutter kauft? Ich möchte sie nämlich schrecklich gern einmal sehen."

Ja, wahrhaftig. Mama war richtig neugierig auf Kathrinchens Oma. Aber am anderen Nachmittag regnete es. Seit Wochen hatte ununterbrochen die Sonne geschienen, und ausgerechnet heute regnete es. Mama blieb in ihrem Büro sitzen und sah missmutig aus dem Fenster. Keine Oma in der ganzen Stadt war wohl so verrückt, dass sie heute in den Park ging.

„Heute war es wohl nichts mit der Oma?", sagte Mama am Abend zu Kathrinchen.

„Doch!", erwiderte Kathrinchen. „Wir trafen uns am Goldfischteich, als gerade die ersten Tropfen fielen. Weißt du, was wir gemacht haben?"

Nein, das wusste Mama nicht. Aber Kathrinchen erzählte es ihr: „Wir sind zu Oma nach Hause gegangen. Stell dir vor, sie wohnt in einem der kleinen Häuschen am Bahndamm."

„Ach", sagte Mama, und ihre Stimme klang ein wenig sonderbar. „Und dann hat die Oma wohl Kakao gekocht und eine Tüte Kekse aufgemacht?"

„Genau!", rief Kathrinchen. „Und wir saßen in der Küche und hatten es gemütlich."

Mama nickte. „Ja natürlich! Und als du weggingst, holte sie eine Dose voll der herrlichsten Süßigkeiten aus dem Küchenschrank, und du durftest dir etwas herausnehmen für den Heimweg."

„Ja", sagte Kathrinchen träumerisch. „Ich habe mir ein Zitronenbonbon genommen."

Mama schüttelte den Kopf. Sie trat ans Fenster und sah lange schweigend hinüber zu der kleinen Siedlung hinter dem Bahndamm. Gerade eben brach die Sonne noch einmal hervor, und die nassen Dächer dort drüben glänzten im Abendlicht. Alles sah friedlich und still aus. Mama seufzte. Immerhin, man hatte ja schon viele seltsame Dinge gehört. Warum sollte nicht ein kleines Mädchen genau die Oma finden, die es sich lange erträumt hatte? Ach ja, wenn man sie doch nur endlich einmal zu Gesicht bekommen könnte!

„Ich habe eine Idee", rief Mama plötzlich. „Jetzt, da du weißt, wo sie wohnt, könnten wir sie ja einmal besuchen. Sieh nur, die Sonne scheint wieder, und die Luft riecht so gut. Lass uns doch einen kleinen Abendspaziergang zu Oma machen."

„Was, jetzt gleich?", fragte Kathrinchen. „Und wenn sie nicht zu Hause ist?"

„Warum sollte sie das? Omas sind am Abend immer zu Hause!"

Wahrhaftig, Mama war durch nichts abzuhalten, jetzt sofort Kathrinchens Oma in ihrem kleinen Häuschen zu besuchen. Sie rannte Kathrinchen fast davon. Dabei war es doch Kathrinchen, die Mama führen musste.

„Du hast dir doch wohl gemerkt, wo es war?", fragte Mama vorsichtshalber. Kathrinchen nickte.

„Hier ist es!", rief sie und blieb vor einem Häuschen stehen, das ganz genauso aussah wie alle anderen Häuschen hier in der Siedlung, nur dass ringsherum alle Fensterläden geschlossen waren, obwohl es doch noch heller Tag war.

„Sie wird doch nicht schon zu Bett gegangen sein?", fragte Mama. Auf dem Namensschildchen neben der Klingel stand in verblassten Buchstaben „E. Hoffmann". Mama zögerte einen Augenblick, aber dann drückte sie fest und lange auf die Klingel. Nichts rührte sich in dem kleinen Häuschen. Aber auf der anderen Seite ging ein Fenster auf, und eine Frau rief: „Frau Hoffmann ist nicht da. Soll ich ihr etwas ausrichten?"

„Ach nein, nein", sagte Mama erschrocken. „Das ist nicht nötig!" Sie fasste nach Kathrinchens Hand und zog sie schnell weiter.

„Siehst du", flüsterte Kathrinchen. „Ich sagte ja, dass sie heute Abend wahrscheinlich nicht zu Hause ist."

Mama sah ärgerlich aus.

„Auf diese Weise bekomme ich deine neue Oma ja wohl niemals zu sehen", beklagte sie sich. „Vielleicht wäre es besser, wenn wir sie einmal zu uns einladen. O ja, das wäre überhaupt das einzig Richtige! Hör, Kathrinchen, lade sie für den Sonntagnachmittag ein, wenn du sie wieder triffst. Wir kaufen Kekse und kochen Kakao und machen es uns gemütlich. Versprichst du, dass du sie auch wirklich einlädst?"

Ja, Kathrinchen versprach es.

„Am Sonntagnachmittag um halb vier", schärfte Mama ihr ein. „Vergiss es nicht, hörst du?"

Nein, Kathrinchen vergaß es gewiss nicht.

Am Sonntagnachmittag deckten Mama und Kathrinchen den Tisch im Wohnzimmer. Mama nahm das gute Geschirr, und Kathrinchen durfte die Zuckerdose nachfüllen und die Servietten falten. Mitten auf den Tisch stellten sie eine Schüssel mit leckeren Keksen. Um halb vier ging Mama in die Küche, um den Kakao zu kochen. Nun war alles fertig, und sie saßen da und warteten.

Es wurde vier Uhr und halb fünf. Niemand kam. Um fünf stand Mama seufzend auf, ging in die Küche, und Kathrinchen und Mama tranken ihn allein.

„Aber sie hatte es ganz fest versprochen", sagte Kathrinchen. „Warum nur ist sie nicht gekommen?"

„Vielleicht konnte sie gar nicht kommen", sagte Mama sehr langsam und sah Kathrinchen fest in die Augen, „weil es sie nämlich gar nicht gibt? Weil du dir das alles nur ausgedacht hast?"

Oh, wie konnte Mama nur so etwas sagen! Als Kathrinchen es begriff, fing sie an zu weinen. „Warum glaubst du mir nicht? Warum soll ich keine Oma haben?", schluchzte sie.

„Ich kann's nicht glauben", sagte Mama leise. „Ich glaube es erst, wenn ich sie mit meinen eigenen Augen leibhaftig vor mir sehe."

„Aber, Mama", rief Kathrinchen unglücklich. „Ich lüge doch nicht! Ich schwör's dir! Und jetzt laufe ich hinüber in die Siedlung und schaue selber nach, was mit Oma los ist!"

Ja, das tat Kathrinchen. Sie rannte los, ohne sich umzusehen.

„Und?", fragte Mama, als sie nach einer Weile wiederkam.

„Nichts! Es hat niemand aufgemacht!"

„Natürlich nicht", sagte Mama ruhig.

Zwei Tage später, als Kathrinchen gerade in der Badewanne saß und sich von Mama den Rücken abschrubben ließ, klingelte es. „Wer kommt denn so spät noch?", fragte Mama verwundert und ging zur Tür. Draußen stand eine alte Frau mit weißen Haaren und guten, freundlichen Augen.

„Verzeihen Sie bitte, dass ich so spät noch störe", sagte sie. „Mein Name ist Hoffmann. Ich bin Kathrinchens Oma, wenn Sie erlauben, dass ich mich so nenne. Ich wollte mich für den Sonntagnachmittag entschuldigen. Mir ging es gar nicht gut, wissen Sie. Ab und zu macht mein Herz nicht mehr mit, dann muss ich völlig ruhig liegen. Gottlob geht es mir jetzt wieder besser. Und da wollte ich sofort herkommen und mich bei Ihnen entschuldigen."

Die ganze Zeit, während die alte Frau sprach, stand Mama da und riss die Augen auf und starrte. Schade, dass Kathrinchen sie nicht so sah. Aber Kathrinchen saß ja in der Badewanne und wusste von nichts, obwohl sie die Ohren spitzte und neugierig nach draußen lauschte.

„Wer ist es denn, Mama?", rief sie ungeduldig.

„Es ist Oma!", rief Mama von draußen herein. „Denk nur, Oma ist gekommen!"

Renate Schupp

142

Osterlandschaft

Die Geschichten um die Passions- und Osterzeit sollen – ähnlich wie das Weihnachtsgeschehen mit Hilfe einer Krippe – durch den Bau einer Landschaft veranschaulicht werden.
Entweder baut sich jedes Kind selber eine solche in einem Schuhkarton wie in einer Puppenstube oder man baut sie gemeinsam in der Gruppe auf einem großen Tablett auf. Das Material können sich die Kinder selber zusammenstellen, es bietet sich auch an, in einer Gruppenstunde gemeinsam draußen Ästchen, Steine, Moos und dergleichen zusammenzusuchen.

Dazu werden die entsprechenden Texte aus der Kinderbibel gelesen und die Landschaft wird mit den neuen Elementen erweitert, bzw. die Geschichten nachgestellt und mit den Figuren nachgespielt. Lieder, die dann gemeinsam gesungen werden, runden das Ganze ab:
• Jesus zieht in Jerusalem ein
• Nun ziehen wir die Straße (EG West 558)
• Christ ist erstanden (EG 99)
• Wir wollen alle fröhlich sein (EG 100)

Für die *Puppenstuben-Version* braucht man eine entsprechende Zahl an Schuhkartons, bei denen man eine Seite ausschneidet. Mit Hilfe von Modelliermasse oder Hölzchen, Stoff und Klebstoff formt man den Hügel Golgatha, der mindestens eine Vertiefung für das Kreuz hat, ebenso einen Felsen mit einer Öffnung für das Grab. Die Modelliermasse wird nach dem Trocknen mit Plakafarbe bemalt. Die Figuren – Jesus, Frauen, Männer, Engel, Soldaten – entstehen auch aus der Knete oder man verwendet kleine Spielfiguren (Halma, Lego, Playmobil). Aus kleinen Bauklötzen kann man den Gerichtssaal andeuten, auch der Hof desselben mit dem Hahn und den Lagerfeuern (Teelicht) sollte nicht fehlen. Für den Karfreitag ist ein schwarzes Tuch, das am Schluss der nachgestellten Szene alles verhüllt, sehr aussagekräftig (oder man nimmt die Sonne, die am Rand des Kartons klebt, plötzlich weg).
Die Kinder haben sicher selber viele Ideen, wie sie ihre Landschaft gestalten wollen, und werden in den zwei bis drei Wochen des Gestaltens immer wieder neue Dinge aus ihren Spielzeugkisten oder von draußen mitbringen. So werden ihnen die Passions- und Ostergeschichten in dieser Zeit sehr präsent sein.

Die Version des *gemeinsamen Bauens und Gestaltens* ist gut, wenn genügend Platz vorhanden ist, um die Landschaft auch stehen zu lassen. Vielleicht kann man sie auch für die Osterzeit in der Kirche aufstellen? Anstelle des Schuhkartons nimmt man einen nicht zu hohen Tisch oder ein großes Brett/Tablett und baut darauf direkt die Landschaft auf. Jedes Kind wird eine besondere Ecke gestalten, die Grundlinie muss aber zuvor gemeinsam besprochen und ausgeführt werden.

Fallschirm basteln

Material: Mülleimertüte als Fallschirmseide, Wollfäden als Seile, selbstklebende Lochverstärker, eine Playmobilfigur als Fallschirmspringer.

Ausführung: Schneide aus der Folie ein Quadrat (40 x 40 cm) aus und falte es dreimal wie ein Kopftuch über Eck. Schneide die obere Spitze ein bisschen ab, so dass dort ein etwa pfenniggroßes Loch entsteht. Schneide die linke untere Ecke so, dass unten eine stumpfe Spitze entsteht. Dann musst du mit einem Locher diese Ecke lochen und die Lochverstärker nach dem Auseinanderfalten darauf kleben, damit die Löcher nicht ausreißen. Die Fäden, etwa einen halben Meter lang, in die Löcher knüpfen und die unteren Enden gleichmäßig lang miteinander verknüpfen. Dort bindest du die Figur an. Zusammengefaltet vom Balkon oder Fenster fliegen lassen. Viel Spaß.

Vergleiche: Unser Glaube ist wie der Sprung eines Fallschirmspringers aus dem Flugzeug. Der Fallschirmspringer ist fest davon überzeugt, dass sich der Fallschirm öffnet und ihn sicher und wohlbehalten zur Erde trägt Er verlässt sich völlig auf den Fallschirm und vertraut ihm.

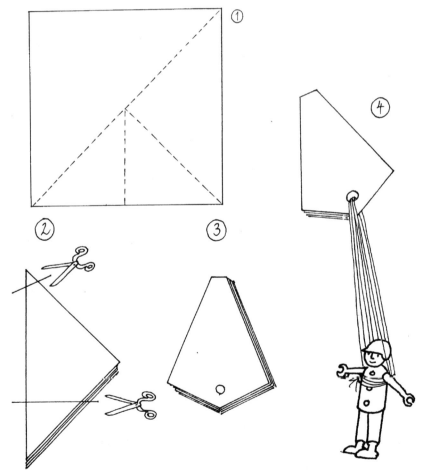

Schmetterling basteln

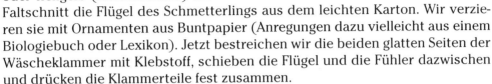

Material: Holzwäscheklammern (Drahtfeder entfernen), leichter Karton, Buntpapier, Wasserfarben (oder Plaka), Alleskleber.

Ausführung: Wir malen die Wäscheklammern dunkelbraun oder hellgelb (Zitronenfalter) an. Nun schneiden wir als Faltschnitt die Flügel des Schmetterlings aus dem leichten Karton. Wir verzieren sie mit Ornamenten aus Buntpapier (Anregungen dazu vielleicht aus einem Biologiebuch oder Lexikon). Jetzt bestreichen wir die beiden glatten Seiten der Wäscheklammer mit Klebstoff, schieben die Flügel und die Fühler dazwischen und drücken die Klammerteile fest zusammen.

Damit man gleich ein Paar Flügel erhält, faltet man den Tonkarton vor dem Zuschneiden einmal zusammen. Wenn man die Flügel der Schmetterlinge etwas nach oben knickt, wirken sie noch viel plastischer, so als ob sie gerade fliegen würden.

Man kann die Schmetterlinge als Osterüberraschung an einen Strauß mit knospigen, braunen Zweigen hängen oder daraus ein Mobile anfertigen.

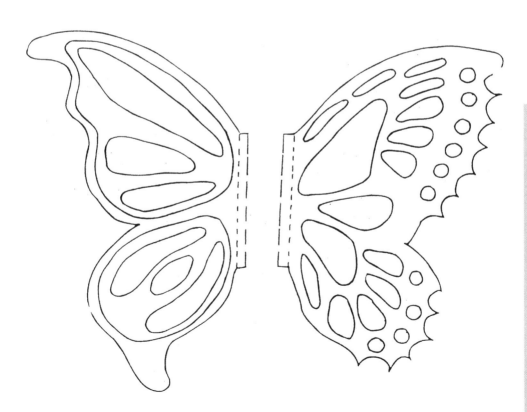

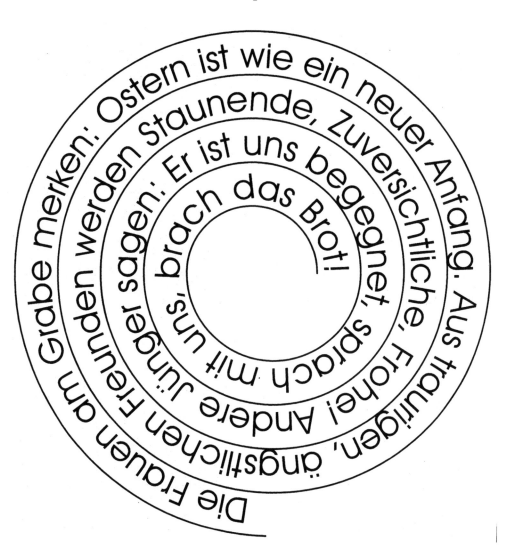

Ostern ist wie ein neuer Anfang. Aus traurigen, ängstlichen, Frohe! sprach, begegnet, Zuversichtliche, Andere Jünger brach das Brot! mit uns, sagen: Er ist uns Die Frauen am Grabe merken: an Freunden werden Staunende,

Osterspirale 2

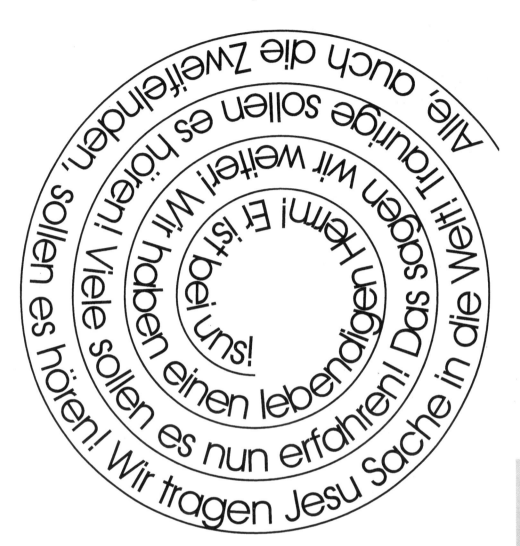

Alle, auch die Zweifelnden, sollen es hören, sollen es hören! Viele sollen es nun erfahren! Das sagen wir weiter! Wir haben einen lebendigen Herrn! Er ist bei uns! Viele sollen es hören! Wir haben einen lebendigen Herrn! Wir weiter! Wir tragen Jesu Sache in die Welt! Traurige sollen es hören! Wir tragen Jesu Sache in die Welt!

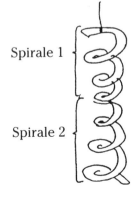

Spirale 1

Spirale 2

Rätselhafter Weg durch den Ostergarten

Ostern ist doch schon vorbei, denkst du. Wenn du damit den Osterhasen, die Ostereier und die Osterferien meinst, hast du natürlich Recht. Aber für Christen bleibt etwas von Ostern! Das Wort dafür findest du, wenn du vom rechten Osterhasen aus durch den Ostergarten wanderst. Probiere einfach aus, auf welchem Weg sich die Buchstaben zu einem sinnvollen Wort zusammenfügen lassen. Kein Weg darf zweimal benützt werden, aber du brauchst für das Wort nur 12 von den 16 Kreisen.

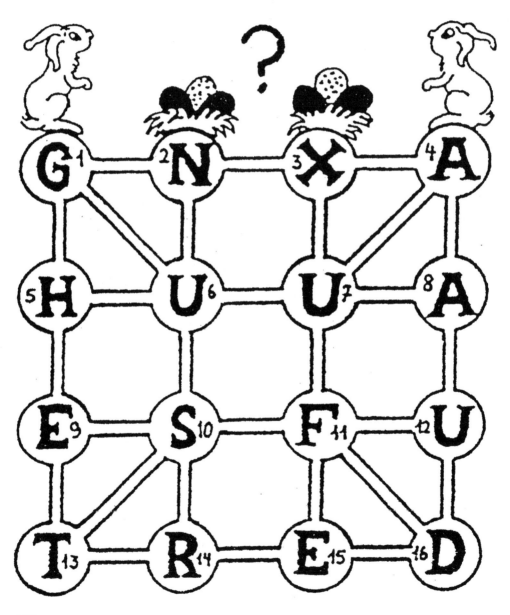

Bilderrätsel

Versucht, das Bilderrätsel zu lösen. Es hat mit Ostern zu tun.

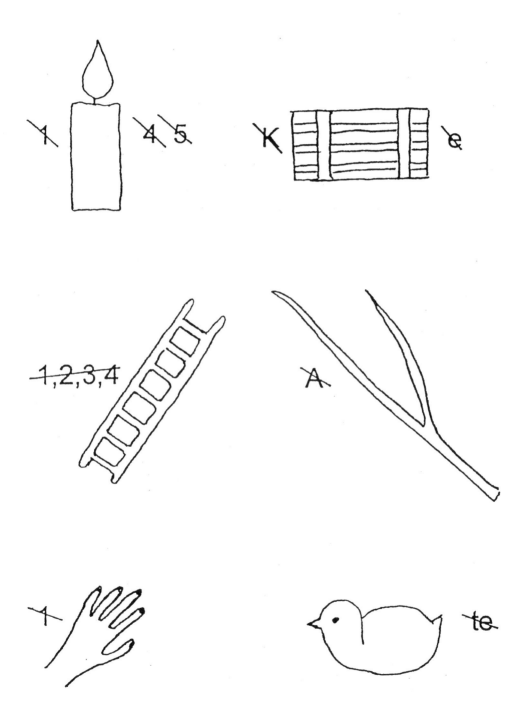

11. Passion – Jesus muss sterben

Ziel: Kennenlernen der Passionsgeschichten
Lesen Sie bitte in der Neukirchener Kinder-Bibel das Kapitel „Jesus muss sterben" und „Jesus lebt". Es gibt wohl kaum eine Ebene, auf der man Kindern den Tod Christi am Kreuz als erlösend und hilfreich darstellen könnte. Selbst für uns ist ja das Mysterium des Todes Christi schlechthin unbegreiflich. So ist es wichtig, sich immer wieder auf die Auferstehung zu beziehen. Man sollte auch vorsichtig mit sehr realistischen Darstellungen der Kreuzigung umgehen – die Kinder sollen sich ja nicht das Bild des Gekreuzigten vergegenwärtigen (bedeutet Angst und Schrecken, Grausamkeit, Hoffnungslosigkeit ...), sondern das Bild des Christus, der den Tod überwunden hat.

Zur Methodik dieser Einheit:
- *Osterlandschaft* (vgl. Seite 143): Während der ganzen Einheit kann eine Osterlandschaft hergestellt werden. Dazu sollten Sie die jeweilige Erzählung lesen und gemeinsam die Geschichte im Ostergarten gestalten. Bei der Gestaltung der Kreuzigungsszene ist auf das Aufhängen einer Figur zu verzichten, das Aufrichten eines Kreuzes ist für die Kinder aussagekräftig genug, auch wenn die Kinder es im Spiel vielleicht anders gestalten wollen. Wichtig ist auch die Grabgestaltung als Höhle mit der Möglichkeit, es durch einen zu öffnenden Eingang auch wieder zu leeren! Dies sollte man bereits vor dem Karfreitagsgeschehen den Kindern deutlich machen.
- *Erzähltuch:* Jede Gruppe bekommt ein Stück Stoff und druckt eine bestimmte Szene darauf (Maria salbt die Füße Jesu, Einzug in Jerusalem, Abendmahl, Gethsemane I: Jesus betet, Gethsemane II: Gefangennahme Jesu, Verleugnung des Petrus, Verurteilung, Kreuzigung). Technik: eine Art Kartoffeldruck mit Weinkorken und Plakafarben, 1 cm Rand ringsherum zum Zusammennähen frei lassen. Gemeinsam besprechen, wie das Bild gestaltet werden soll, mit Bleistift auf dem Stoff skizzieren und entsprechend bedrucken. Diese acht Tücher (je 50 x 50 cm) werden dann zu einem Kreuz zusammengenäht in der Kirche aufgehängt.

1. Teilschritt: Einzug Jesu in Jerusalem (Neukirchener Kinder-Bibel, Nr. 34)

Arbeitsblätter: – Hörspiel: Der Weg Jesu nach Jerusalem (vgl. Seite 154–157 als Alternative zum Verlesen der jeweiligen Abschnitte aus der Neukirchener Kinderbibel)
– Ein Palmblatt zum Jubeln (vgl. Seite 158)
– Der Aufstellesel (vgl. Seite 159)

1. Passahfest
Erzählen Sie den Kindern vom Passahfest, welches jedes Jahr in Jerusalem im Tempel gefeiert wurde (Erinnerung an den 12-jährigen Jesus im Tempel,

Neukirchener Kinder-Bibel Nr. 8). Im Tempel brachte jeder sein Opfer und dankte Gott für die vor langer Zeit stattgefundene Befreiung aus Ägypten.

2. Jesu Einzug in Jerusalem (Neukirchener Kinder-Bibel, Nr. 34)
Wie alle gottesfürchtigen Juden ist auch Jesus mit seinen Jüngern nach Jerusalem gezogen, um dort das Passahfest und -mahl zu feiern. Wenn die Kinder Freude am Zuhören haben, können Sie bitte auch noch die Geschichte von der Tempelvertreibung vorlesen (Neukirchener Kinder-Bibel, Nr. 35).

3. Palmstock basteln
Material: Für jedes Kind einen möglichst geraden Stock, Buchsbaumzweige, auch Tannengrün, buntes Krepppapier, Blumendraht, Zange, Tesafilm.
Dazu Lied: Jesus zieht in Jerusalem ein.
Auch möglich die Arbeitsblätter:
• Ein Palmblatt zum Jubeln (vgl. Seite 158)
• Der Aufstellesel (vgl. Seite 159).

2. Teilschritt: Passahmahl
Arbeitsblatt: – Abendmahlsbild zum Ausmalen (vgl. Seite 160)

1. Die Erzählung vom Abendmahl (Neukirchener Kinder-Bibel Nr. 36–37)
Die Geschichte von der Fußwaschung und dem letzten Abendmahl vorlesen.

2. Gemeinsam Brot essen und Traubensaft trinken
Dabei das Gespräch auf die Abendmahlsfeiern in der Kirche lenken. Deutlich machen, dass es ein Gedächtnismahl zur Erinnerung an das letzte Passahfest ist, das Jesus gemeinsam mit seinen Jüngern gefeiert hat.

3. Abendmahlsbilder
Das Abendmahlsbild von Leonardo da Vinci oder ein anderes Kunstbild, evtl. auch ein Bild aus einer Kinderbibel (etwa von Kees de Kort) betrachten.
Dazu kann das Arbeitsblatt Abendmahl (vgl. Seite 160) ausgemalt werden.

3. Teilschritt: Verleugnung des Petrus

Arbeitsblätter: – Geschichte: Ich kenne ihn nicht (vgl. Seite 161–163)
                      – Ausmalbild: Petrus und der Hahn (vgl. Seite 164)

1. Die Geschichte (Neukirchener Kinder-Bibel, Nr. 38–41)
Die Geschichten vorlesen oder – als inhaltlicher Schwerpunkt – Nr. 41 von den Kindern lesen lassen.

2. Vertiefung:
Alternativ:
• Wenn verfügbar: Kunstbild Otto Dix „Petrus und der Hahn".

- Eigene Erfahrungen mit Verrat und Feigheit: Bei dem Versuch, sich in die Gestalt des Petrus hineinzudenken („Wie hat sich Petrus gefühlt, warum ist er überhaupt in den Palasthof gegangen ..."), zu eigenen Erfahrungen mit Verrat, Verleugnung und Feigheit hinführen und erzählen lassen.
- Die Geschichte „Ich kenne ihn nicht" (vgl. Seite 161–163) vorlesen und besprechen.

3. Basteln und Gestalten
- Hahn basteln: Einen Hahn aus Tonpapier ausschneiden lassen und mit Buntpapier schön gestalten. Oder als Spaltschnitt aus schwarzem Papier auf ein weißes Papier aufkleben: Den Hahn aus einem Stück ausschneiden, durch Zerschneiden die Hauptkörperteile voneinander trennen – Kopf, Hals, Rumpf, Beine, Schwanz – und in der richtigen Reihenfolge auf das Untergrundpapier legen. Nun kann man durch Verschieben der Teile gegeneinander den Hahn in Bewegung bringen, so dass er z.B. den Hals ganz lang streckt, läuft usw. Einzelne Teile können natürlich noch weiter zerschnitten werden. Der Abstand zwischen den einzelnen Teilen sollte nicht groß sein, damit der optische Zusammenhang nicht verloren geht.
- Petrus und der Hahn: Das Arbeitsblatt Seite 164 ausmalen. Dabei besonderen Wert auf den Gesichtsausdruck des Petrus legen. Durch Auswahl passender Farben eine bestimmte Stimmung in das Bild bringen.

4. Teilschritt: Verurteilung, Kreuzigung, Begräbnis

Arbeitsblatt:　　　– Jesus vor Pilatus (vgl. Seite 165)

1. Erzählung (Neukirchener Kinder-Bibel, Nr. 42–44)

2. Gestalten:
- Ausmalblatt „Jesus vor Pilatus" (vgl. Seite 165) gestalten lassen.
- Erzähltuch (s.o.) planen, skizzieren und bedrucken.

5. Teilschritt: Osterbasteln/Spielen

Arbeitsblatt:　　　– Eierköpfe (vgl. Seite 166)

Alternativen:
- Geschichten zu Ostern und Osterbrauchtum (etwa Osterei) vorlesen.
- Ostereier anmalen.
- Eierköpfe mit Kresse aussäen (vgl. Arbeitsblatt Eierköpfe, Seite 166).

6. Teilschritt: Tod (vgl. auch S. 175 und dazugehörige Materialien)

Ziel: Information über die Abläufe und Rituale, die mit dem Tod und der Beerdigung verbunden sind. Mit den Kindern über den Tod reden als etwas, das zum

Leben dazugehört. Grundvertrauen vermitteln. Weil Gott Jesus auferweckt hat, haben wir die Hoffnung, dass Gott auch uns Menschen nicht im Tod lässt.

Je nach Situation der Gruppe sollte man aus den folgenden Vorschlägen auswählen. Dabei muss man mit viel Einfühlungsvermögen vorgehen. Die Kinder sind in der Regel an diesem Thema durchaus interessiert.

Je nach Gruppe können Sie etwa:

- *Wenn ein Kind den Tod in seiner Nähe erlebt hat und davon erzählen mag:*
  Eigene Erfahrungen mit dem Tod abrufen – Tier, Großeltern, Tante, Nachbar, Elternteil ... – und ein behutsames Gespräch beginnen: Wie war das damals? Wie ist das abgelaufen? Wie hast du davon erfahren? Was hast du gemacht? Wie fühltest du dich? Wie ging es weiter? ... Im Gespräch sollte man auch offen sein für rein informative Fragen: Was passiert nach der Beerdigung? Was passiert mit dem Toten im Sarg?
- *Wenn keine persönlichen Erfahrungen vorhanden sind:*
  Geschichten zum Thema Tod vorlesen und dann darüber sprechen.
- *Friedhof besuchen:*
  Sie können mit den Kindern auf einen Friedhof gehen und dort die Gräber gemeinsam anschauen. Das älteste Grab suchen lassen, Kindergräber genau betrachten und ausrechnen, wie alt die Kinder waren. Vielleicht auch vorher jedem Kind eine Blume geben, die es auf das Grab legen soll, welches es am meisten berührt hat.

  Der Friedhofsbesuch sollte mit den Eltern abgesprochen sein, aber ohne Eltern stattfinden, damit die eventuelle Befangenheit der Eltern sich nicht auf die Kinder überträgt. Und er sollte mit den Kindern vorbereitet sein: Wie verhält man sich auf einem Friedhof? Was erwartet euch dort? Was machen wir dort gemeinsam? Ob man die Kapelle besuchen kann, sollte vorher mit dem Friedhofsverwalter geklärt werden.

  Es ist gut, wenn Sie zuvor den Friedhof selber besuchen, damit Sie die Kinder besser begleiten und auf besondere Gräber aufmerksam machen können.

  Danach noch genügend Zeit einplanen für einen warmen Kakao und Plätzchen und ein gemeinsames Gespräch über den Besuch. Für die Kinder soll nichts Unheimliches zurückbleiben, sondern eher deutlich werden, dass das Sterben und der Tod zum Leben gehören.
- *Bilderbücher:*
  In den Gemeindebüchereien gibt es Bilderbücher zum Thema. Zu empfehlen sind etwa: „Pele und das neue Leben" und „Abschied von Tante Sophie".

Hörspiel: Jesu Weg nach Jerusalem – zu Dias von Kees de Kort

Bild 1:

E: Jesus ist auf dem Weg nach Jerusalem. Seine Jünger gehen mit. In Jerusalem wollen sie das Passahfest feiern, an dem sich alle Israeliten an die große Tat Gottes erinnern, als er sein Volk aus der Sklaverei in Ägypten befreite. Auf dem Weg sagt Jesus plötzlich zu seinen Jüngern:

J: In Jerusalem wird man mich verhaften, foltern und töten, aber nach drei Tagen werde ich vom Tod auferstehen.

A: Was hat Jesus gesagt?

P: Ich weiß auch nicht, irgendetwas von Sterben und vom Tod auferstehen. Hast du das verstanden, Johannes?

Jo: Nee, hab' ich auch nicht.

Bild 2:

J: Jetzt sind wir bald da. Jerusalem ist nicht mehr weit. Andreas und Johannes, geht voraus in das Dorf da. Dort findet ihr eine Eselin mit einem Eselfohlen. Bindet die beiden los und bringt sie her. Wenn euch jemand fragt, dann sagt: „Der Herr braucht sie! Wir bringen sie bald wieder zurück."

A: Komm, Johannes, ich nehme das Muttertier.

Jo: Dann hole ich den jungen Esel.

Bild 3:

P: Guckt mal, wie viele Leute heute unterwegs sind.

A: Die wollen bestimmt alle das Passahfest in Jerusalem feiern.

M 1: Sieh mal, da reitet einer auf einem geschmückten Esel.

M 2: Vielleicht ist das ja unser König?

M 3: Habt ihr gehört, da vorne reitet unser König.

M 4: Hosianna, dem Davidssohn, unserem König!

M 1-4: Hosianna! Gelobt sei, der da kommt im Namen des Herrn!

E: Ganz schnell verbreitet sich die Nachricht vom König, der in Jerusalem einreitet. Die Menschen laufen zusammen. Sie legen ihre Mäntel auf den Weg und reißen Zweige von den Bäumen.

Bild 5:

E: Und überall jubeln die Leute Jesus zu und rufen:

M 1-4: Hosianna! Wir grüßen unseren König! Er richtet das Reich Davids wieder auf! Gott hat ihn geschickt. Gott segne ihn! Gepriesen sei Gott in der Höhe.

Bild 6:

E: Als es Abend wird, beginnt das Passahfest. In jedem Haus isst man ein Passah-Lamm.

J: Freunde, heute beginnt das Passahfest. Wir wollen es zusammen feiern. Bereitet alles vor!

E: Am Abend setzen sie sich alle an einen Tisch: Jesus nimmt ein Brot. Er dankt Gott dafür. Er bricht es in Stücke und gibt jedem etwas davon. Dazu sagt er:

J: Nehmt und esst! Das ist mein Leib. Ich gebe ihn hin für euch alle.

Bild 7:

E: Dann nimmt Jesus den Becher mit Wein. Er dankt Gott dafür und sagt:

J: Trinkt alle daraus! Das ist mein Blut. Ich vergieße es für euch alle. So zeigt Gott euch seine Liebe. Er vergibt euch alle eure Schuld.

Bild 8:

E: Während sie essen, sagt Jesus auf einmal:

J: Einer von euch wird mich verraten.

P: Du meinst doch nicht mich, Herr?

Jo: Niemals!

A: Ich nicht!

Ma: Herr, doch nicht ich!

E: Einer nach dem anderen fragt Jesus. Und Jesus gibt Judas ein Zeichen. Bald danach verlässt Judas den Raum. Er geht zu den führenden Priestern. Er will ihnen verraten, wo sie Jesus mitten in der Nacht finden können, damit sie ihn klammheimlich gefangen nehmen können. Denn niemand soll etwas merken.

Bild 9:

E: Als das Passah-Mahl zu Ende ist, verlassen sie das Haus. Sie wollen die Nacht im Freien verbringen. Sie gehen zum Ölberg.

J: Freunde, jetzt sind wir im Garten Gethsemane. Ich will nach dort drüben gehen und beten. Wartet auf mich. Betet auch ihr, und bleibt mit mir wach, auch wenn es schon dunkel ist.

Bild 10:

E: Jesus geht tiefer in den Garten hinein. Er ist allein. Er wirft sich zur Erde und betet:

J: Mein Vater, hilf mir! Ich habe Angst. Wenn es sein kann, erspare mir das bittere Leiden! Aber nicht, wie ich will, sondern wie du willst.

Bild 11:

E: Da kommt schon Judas mit einem Trupp Soldaten.

Ju: Shalom, Jesus, mein Herr und Meister. *(Kuss)*

J: Judas, musst du mich mit einem Kuss verraten? Und warum die Soldaten und die Waffen? Ich bin doch kein Verräter!

S 1: Los, mitkommen! Du bist verhaftet!

Bild 12:
E: So wird Jesus gefangen genommen und in den Tempel geschleppt. Dort soll er vom Hohen Rat, dem höchsten Gericht in Israel, verhört werden. Alle haben sich noch in der Nacht versammelt, um Jesus den Prozess zu machen.
H: Du bist also dieser Jesus aus Nazareth. Als oberster Priester frage ich dich nun: Hat dich Gott gesandt? Bist du der Sohn Gottes?
J: Ja!
H: Habt ihr das gehört? Unerhört! Er macht sich selbst zu Gottes Sohn! Das ist Gotteslästerung, das schlimmste Vergehen in unserem Land! Dafür muss er sterben!

Bild 13:
E: Die Soldaten bringen Jesus in den Palast des römischen Statthalters. Er heißt Pontius Pilatus. Nur Pilatus darf jemanden zum Tode verurteilen. Doch vorher verspotten die Soldaten Jesus und foltern ihn.
S 1: Das soll der König der Juden sein?! Hier, zieh diesen Mantel an! Haha, gegrüßet seist du, König der Juden!
S 2: Und wo ist deine Krone? Hier nimm und setz doch diese auf. Ich habe sie extra für dich gemacht, aus herrlichen Dornenranken!
S 3: Ach, die ist dir zu unbequem, die pikst dich wohl zu sehr! Tja, wer König sein will, muss auch was aushalten können! Haha!
S 4: Einen schönen König haben wir da. So stolz und prächtig, mir zittern vor Angst schon die Knie.
E: So machen sich die Soldaten über Jesus lustig und bringen ihn schließlich vor Pilatus. Vor dem Palast haben sich viele Menschen aus Jerusalem versammelt. Pilatus tritt vor die Menge und ruft:
PP: Da habt ihr euren König!
M 1: Kreuzige ihn!
M 2: Ja, ans Kreuz mit ihm!
M 1-4: Kreuzige ihn! Kreuzige ihn!
E: Doch Pilatus will von der ganzen Sache nichts wissen. Er lässt sich eine große Schüssel Wasser bringen und wäscht sich vor allen Leuten die Hände. Dabei sagt er:
PP: Gut, Jesus soll gekreuzigt werden, aber ich will für seinen Tod keine Verantwortung übernehmen. Ich wasche meine Hände in Unschuld.

Bild 14:
E: Die Soldaten führen Jesus ab. Er muss selbst sein Kreuz tragen. So ziehen sie bis vor die Mauern der Stadt Jerusalem zum Hügel Golgatha.

Bild 15:
E: Die Soldaten nageln Jesus ans Kreuz. Alle Jünger haben Jesus verlassen. Plötzlich wird es mitten am Tag stockfinster. In diese Dunkelheit hinein ruft Jesus:

J: Es ist vollbracht!

E: Dann lässt er das Haupt sinken und stirbt.

Bild 16:

E: Jesus ist tot.

       Freunde von ihm nehmen seinen Leib vom Kreuz. Maria und die anderen Frauen sehen zu und weinen. Alle sind tieftraurig und schweigen. Die Männer bringen den toten Jesus in ein neues Grab.

Bild 17:

E: Das Grab ist in einen Felsen gehauen: Die Männer rollen einen großen, runden Stein vor die Grabkammer. Doch es ist keine Zeit mehr, um den Toten zu salben. Der Sabbat hat schon begonnen. Niemand darf jetzt eine solche Arbeit tun. So gehen alle weinend nach Hause.

Bild 18:

E: Als der Sabbat vorbei ist, machen sich die Frauen auf den Weg zum Grab. Sie wollen Jesus salben. Doch schon von weitem merken sie:

MR: Sieh mal, Salome, da stimmt was nicht mit dem Grab!

SA: Ja, Maria, der Stein liegt nicht mehr vor der Grabkammer.

MR: Das Grab ist offen.

SA: Was ist bloß mit Jesus geschehen?

E: Die Frauen sehen in das Grab. Jesus ist nicht mehr da. Statt dessen treffen die Frauen auf einen Engel:

EG: Fürchtet euch nicht! Was sucht ihr den Lebendigen bei den Toten? Er ist auferstanden vom Tod. Er lebt! Sagt es seinen Jüngern!

Bild 19:

E: Wie ein Blitz rennen die beiden Frauen zurück zu den Jüngern. Die hatten sich alle in einem Haus in Jerusalem versteckt und sich nicht mehr vor die Tür getraut. Denn sie hatten Angst, dass auch sie verhaftet und hingerichtet werden wie Jesus.

MR: Jesus ist auferstanden!

SA: Er ist wahrhaftig auferstanden!

MR: Wir waren bei seinem Grab.

SA: Der Stein lag nicht mehr davor!

MR: Und das Grab war leer.

SA: Und wir haben einen Engel gesehen!

E: Nach und nach erzählten die Frauen den Jüngern, was sie alles am Grab erlebt hatten. Die Jünger hörten ungläubig staunend zu. Auf einmal steht Jesus selbst unter ihnen. Alle erschrecken.

J: Habt keine Angst, meine Freunde. Ich bin es wirklich. Gott hat es so gewollt, dass ist sterbe. Aber er hat mich nicht im Tod gelassen. Er hat mich auferweckt.

Ein Palmblatt zum Jubeln

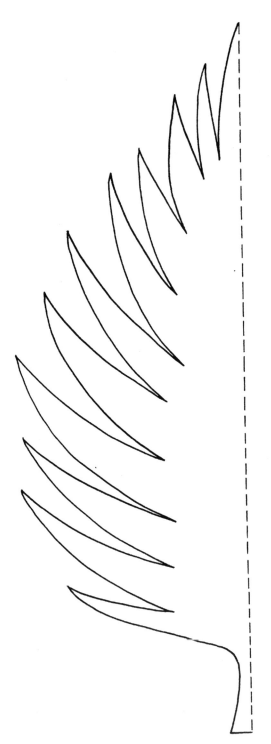

Eines Tages ritt Jesus auf einem Esel nach Jerusalem. Die Menschen freuten sich sehr, ihn zu sehen. Einige schwenkten grüne Palmzweige durch die Luft. Sie verehrten Jesus und dankten ihm. Auch die Kinder sangen Jesus ein Loblied.

Schneide aus grünem Bastelpapier ein Palmblatt aus. Dann kannst du mit dem Palmwedel die Geschichte nachspielen und Jesus sagen, dass du ihn liebst und ihm dankbar bist, dass er dich liebt.

Der Aufstellesel

Als Jesus auf dem Esel in Jerusalem einritt, waren die Menschen sehr glücklich, ihn zu sehen. Einige Menschen zogen ihre Mäntel aus und warfen sie auf die Straße. Andere legten ihre Mäntel auf den Esel, damit Jesus darauf sitzen konnte. Wieder andere schwenkten grüne Palmzweige. Sie verehrten Jesus und sangen ihm Loblieder. Auch die Kinder sangen für Jesus.

Male den Esel an und schneide ihn entlang der gestrichelten Linie aus. Klebe ihn dann so auf ein gefaltetes Blatt Bastelpapier, dass der Kopf und der Rücken des Esels über die Falzlinie hinausragen und der Esel stehen kann. Klebe ein Stück Stoff auf den Rücken des Esels als „Sattel".

Der Esel kann dich daran erinnern, dass wir uns über Jesus freuen können wie die Menschen damals, als Jesus nach Jerusalem ritt.

Das Abendmahl Jesu

Ich kenne ihn nicht

Meine Tante ist gestern zu Besuch gekommen. Sie ist Muttis Schwester. Ich hab sie nur von Fotos gekannt, denn sie war vor zehn Jahren das letzte Mal bei uns, aber da war ich noch ein Baby gewesen. Sie sieht meiner Mutter sehr ähnlich, nur ist sie fünf Jahre älter. Evi heißt sie und ist meine Patentante. Jedes Jahr zu meinem Geburtstag hat sie mir ein Päckchen geschickt. Ich kann sie gut leiden.

Wenn nur dieser Kurti nicht wäre! Tante Evi kam nämlich nicht allein, sondern brachte ihren Sohn mit. Ich wusste schon vorher, dass er blöde ist, das hat mir meine Mutter erklärt. Sie hat mich gebeten, lieb zu ihm zu sein. Dass er aber so doof ist, hab ich mir nicht vorgestellt. Er ist ein echter Trottel, ein Idiot. Er ist schon zwölf Jahre alt und kann noch nicht lesen und schreiben! Er spricht nicht besser als ein zweijähriges Kind. Wenn er geht, sieht er sehr komisch aus, denn er drückt die Knie ein und latscht sich selber über die Zehen. Mit den Armen macht er so schlaksige Bewegungen, dass man hingucken und grinsen muss, ob man will oder nicht. Und erst sein Gesicht! Er hat Schlitzaugen, fast wie ein Chinese, und sein Mund steht immer offen. Ich glaube, Tante Evi hat noch gar nicht gemerkt, wie lächerlich er aussieht, denn sie schaut ihn immer ganz lieb an und fährt ihm übers Haar. Ich finde, mit solchen Kindern sollte man daheim bleiben.

Mutti wollte, dass ich mit ihm spiele, nachdem er und Tante Evi angekommen waren. Aber er begriff das Puzzlespiel nicht, und noch nicht einmal den Schwarzen Peter. Aber meinen Teddy wollte er haben, mit dem ich längst nicht mehr spiele. Er sitzt oben auf dem Schrank, weil er mir sonst im Weg ist. Kurti streichelte ihn und fuhr mit seinem Gesicht durch Teddys Plüschfell. Dabei grinste er vor Vergnügen. Als er das Glöckchen entdeckte, das dem Teddy an einem Band um den Hals hängt, war er für eine Stunde beschäftigt. Er saß mit gegrätschten Beinen auf dem Fußboden, starrte den Teddy entzückt an und bimmelte mit dem Glöckchen. Ich wollte lachen, aber Mutti machte mir Zeichen und schaute ärgerlich herüber.

Alles wäre ja noch erträglich gewesen, wenn Tante Evi nicht auf diese blöde Idee gekommen wäre. Nach dem Kaffeetrinken wollte ich mich nämlich nach draußen verdrücken. Da sagte sie plötzlich: „Willst du nicht den Kurti mit hinausnehmen? Die frische Luft hier auf dem Land wird ihm gut tun."

Ich bekam einen Schreck: Was würden die anderen sagen, wenn sie mich mit so einem Trottel sähen? Aber natürlich konnte ich so etwas nicht der Tante Evi sagen. Was blieb mir anderes übrig, als den Kurti mitzunehmen? Aber ich glaube, meine Mutti sah mir an, was ich dachte, jedenfalls warf sie mir Blicke zu.

Zu allem Übel setzte Tante Evi dem Kurti auch noch eine so scheußliche Wollmütze auf. Niemand in seinem Alter trägt hier sowas: bunt und mit Ohrenklappen!

Kurti wollte den Teddy nicht hergeben.

„Er kann ihn ja mit nach draußen nehmen", sagte meine Mutti.

Auch das noch!

Da latschte er also neben mir her, ruderte mit den Armen, schlenkerte den Teddy und ließ den Mund offen stehen. Dazu bimmelte ununterbrochen das

Glöckchen. Ich versuchte, so schnell wie möglich mit ihm in den Wald zu kommen. Ich hoffte, dort niemandem zu begegnen. Aber ich war noch nicht einmal bei der Bushaltestelle, da hatten mich drei aus meiner Klasse schon entdeckt und kamen gelaufen. Ich ging sofort schneller und ließ einen Abstand zwischen mir und Kurti. Vor dem Brunnenbecken an der Sparkasse trafen wir zusammen.

„Was für eine komische Nummer hast du denn da bei dir?", fragte mich Klaus.

Ich drehte mich um und schaute auf Kurti, der jetzt auch angetrottet kam.

„Kenn ich nicht", sagte ich und steckte die Hände in die Taschen.

„Aber er ist doch eben neben dir gegangen", sagte Ewald.

„Zufällig", sagte ich.

„Ich hab ihn hier noch nie gesehen", sagte Willi. „Doof, was?"

„Scheint so", antwortete ich.

„He du, wie heißt du?", fragte ihn Willi.

Kurti zog die Nase hoch, dann sagte er: „Kurti" und schwenkte seinen Teddy. Dabei grinste er freundlich mit seinem Fischmaul.

„Na", sagte Ewald, „der ist aber ganz schön doof. Du kennst ihn wirklich nicht?"

„Na hör mal!", sagte ich ärgerlich. „So einen!"

„Mensch", sagte Klaus, „mit dem lässt sich sicher Spaß machen."

Er hob eine Kastanie auf und reichte sie dem Kurti. Dazu sagte er: „Koste mal. Schmeckt gut."

Kurti nahm sie und biss hinein. Er verzog das Gesicht und starrte das harte Ding erstaunt an. Meine drei Freunde brüllten vor Lachen, und ich lachte natürlich mit.

Danach sagte Ewald zu Kurti: „Komm, ich zeig dir was Schönes."

Er führte ihn zum Brunnen und sagte: „Du musst dich ganz tief übers Wasser beugen, sonst siehst du's nicht."

Er machte es ihm vor. Kurti begriff und machte es ihm nach. Dabei starrte er angestrengt ins Wasser. Wir wussten natürlich alle längst, was Ewald vorhatte: Er gab Kurti einen Klaps auf den Hinterkopf, dass er mit dem Gesicht ins Wasser tunkte. Er triefte und wimmerte, als er wieder hochkam.

„Nicht schlimm", sagte Willi. „Wir trocknen dich jetzt."

Noch ehe Kurti wusste, was ihm geschah, zog ihm Willi die bunte Wollmütze übers Gesicht herab. Es war zu komisch, als Kurti mit seinen schlaksigen Armen herumtastete und unter der dicken Mütze jaulte. Als sie ihm auch noch den Teddy abnahmen, fing er an zu schreien. Sie bimmelten mit dem Glöckchen, und Kurti, der so blöd war, dass er nicht einmal auf die Idee kam, sich die Mütze aus dem Gesicht zu schieben, tappte und tastete hinter dem Gebimmel her. Was haben wir da gelacht!

Leute kamen vorüber und fingen an zu schimpfen. Da setzte Klaus den Teddy auf die Brunnenröhre, und wir rannten weg. Als die anderen drei in Wallroders Haus verschwanden, wo der Ewald wohnt, rief ich ihnen nach, ich müsse jetzt heimgehen.

Ich schlich mich bis zum Brunnen zurück und sah, wie die Leute dem Kurti die Mütze zurecht schoben und ihm den Teddy reichten. Ich kannte sie nicht. Es werden wohl Sommerfrischler gewesen sein.

„Geh heim, Kind", sagten sie freundlich zum Kurti, der den Teddy an sich drückte wie eine Mutter ihr Kind. Dann gingen sie weiter.

Aber Kurti wusste ja nicht, wo er hingehörte. Er drehte sich hin und her und gaffte ängstlich in alle Richtungen. Ich glaube, wenn er den Teddy nicht bei sich gehabt hätte, dann hätte er laut geheult. Ich überlegte mir, dass ich irgendwie mit ihm heimkommen musste, sonst hätte sich Tante Evi gewundert, und meine Mutti hätte allerlei geahnt. Also steckte ich die Hände in die Taschen, pfiff vor mich hin und marschierte an ihm vorüber. Gott sei Dank, er erkannte mich wieder und latschte hinter mir her. So kamen wir nach Hause.

„Ihr kommt ja schon so bald wieder?", fragte meine Mutti.

„Es ist kalt", antwortete ich.

„War's schön draußen?", fragte Tante Evi ihren Kurti, zog ihm die Mütze ab und küsste ihn. Und Kurti grinste und nickte. Zum Glück merkte Tante Evi nicht, dass die Mütze innen nass war.

Natürlich, ich weiß, es war gemein. Aber wie hätte ich dagestanden, wenn ich zugegeben hätte, dass Kurti mein Vetter ist? Schuld an der ganzen Sache haben meine Mutti und Tante Evi. Die hätten doch etwas Rücksicht auf mich nehmen können!

Na, ich werde dem Kurti den Teddy schenken, wenn er wieder abfährt. Bei mir ist er ja nur im Weg.

Hoffentlich fährt Kurti bald ab.

Gudrun Pausewang

Petrus und der Hahn

Und heute?

Jesus vor Pilatus

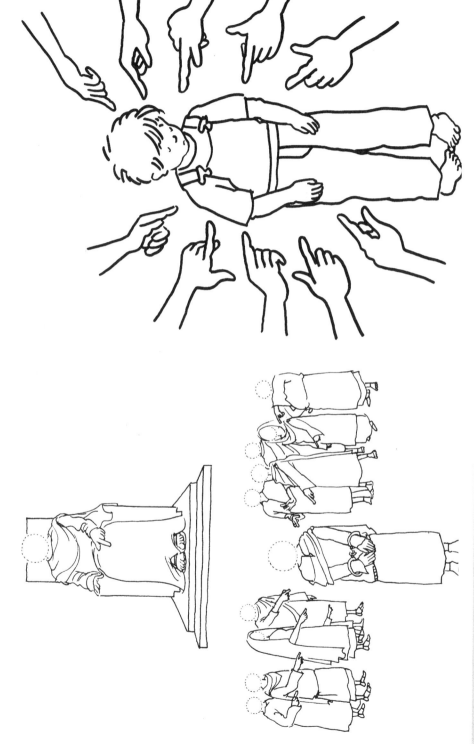

Eierköpfe

Bald ist Ostern. Hier ist ein Vorschlag für einen lustigen Osterschmuck, den du jetzt schon vorbereiten solltest.

Sammle Eierschalenhälften, spüle sie aus und fülle sie mit feuchter Blumenerde. Streue Kressesamen darauf und stelle die Eierschalen in Eierbechern an einen dunklen Platz. Etwa nach zwei Tagen haben die Samen gekeimt. Jetzt kommen die Eierschalen auf die Fensterbank in die Sonne.

Gieße regelmäßig, aber nicht zu viel! Nach etwa 8–10 Tagen haben die Eierköpfe tolle Kurzhaarfrisuren.

In der Zwischenzeit werden auf die Eierschalen noch ganz vorsichtig Gesichter aufgemalt (mit Filzstiften geht das ohne Druck) oder aufgeklebt. Dann bastelst du noch einen Kragen aus Pappringen.

Wenn die Köpfe als Tischschmuck ausgedient haben, kannst du dich als Friseur betätigen: Die Kresse schmeckt gut auf dem Butterbrot oder im Quark!

12. Taufe

Zum Verständnis der Taufe:
In der Taufe bitten wir Gott, für dieses Kind dazusein, wir bitten um seinen Segen. Wir bitten auch, dass es die Gemeinschaft der Christen erleben kann. Wir dokumentieren mit der Taufe, dass dieses Kind zur Kirche gehören soll und wir ihm von Christus erzählen werden (Patenamt). Gott sagt dem Täufling: Du bist mein Kind. Ich bin immer für dich da, auch wenn du dich einmal ganz alleine fühlst. Du gehörst zu meiner großen Familie (Gottesfamilie, Kirche, Christen). Die Taufe ist auch als verbindendes Element zwischen den einzelnen Konfessionen und Kontinenten zu sehen.

1. Teilschritt: Taufe mit Wasser

1. Gespräch über Taufe
Zusammentragen, was die Kinder über die Taufe wissen und erlebt haben. Was braucht man zu einer Taufe? (Taufstein, Wasser, Pfarrer, Täufling, Taufkerze, Paten, Taufspruch, Vater, Mutter) Warum lassen Eltern ihr Kind taufen? Können auch Erwachsene getauft werden? Gibt es auch andere Taufriten als die bei uns üblichen? ...

2. Element Wasser als Symbol für Leben
Lehrziel: Wasser geht nie verloren, so wie auch das Leben nicht verloren geht. Wasser ist Leben, im Wasser steckt Kraft, Wasser ist kostbar. Bei der Taufe bedeutet Wasser: Reinigen, Abwaschen, Leben spenden. Wasser ist bei der Taufe auch Symbol für den Heiligen Geist. (Heiliger Geist, Geist Gottes – mögliche Umschreibung, was der Heilige Geist im Menschen bewirkt: Er gibt uns Mut zum Beten und Kraft zum Vergeben. Er hilft uns, an Gott zu glauben. Er lässt uns hoffen, auch wenn wir verzweifelt sind, und schenkt uns Trost, wenn wir traurig sind.)
Wir überlegen mit den Kindern, was Wasser ist und was es für die Natur und den Menschen bedeutet. Eine Schale mit Wasser ins Freie ausgießen oder bei schönem Wetter eine Wasserbombenschlacht machen! Überlegen, was mit den vielen Wassertropfen geschieht.
Kreislauf des Wassers: Tropfen verdampfen, Wolke, Niederschlag (Regen, Hagel, Schnee), Bach, Meer. Nutzen und Gefahren des Wassers. Tropfen gelangen ins Grundwasser: Wasserleitungen, trinken, duschen, Kläranlage.
Pflanzen und Tiere: Tiere trinken Wasser. Wurzeln saugen Wasser auf, Pflanze blüht und trägt Früchte (Wasserspeicher). Viele Tiere und Pflanzen leben im Wasser. Wasser und Gefühle: Tränen der Freude und des Schmerzes, Geborgensein im Fruchtwasser, Freude beim Schwimmen, Angst vor dem Wasser.

3. Bild mit Wasserfarben malen
Wichtig für die nächste Stunde: Die Kinder sollen sich von ihren Eltern erzählen lassen, wie es damals bei ihrer Taufe gewesen ist, wer Pate ist ... Sie können

Fotos mitbringen, von irgendwelchen Traditionen erfahren (Taufkleid, Tauf-kerze ...). Ganz wichtig sind der Taufspruch, das Taufdatum und der Taufort.

2. Teilschritt: Die eigene Taufe

1. Die Kinder erzählen von ihrer eigenen Taufe
Kinder finden es auch spannend, wenn die erwachsenen Mitarbeiter erzählen oder Taufbilder von sich zeigen. Wenn jedes Kind ein Foto mitgebracht hat, kann man auch ein „Wer ist wer"-Raten machen.

2. Gott nennt den Getauften beim Namen
Die Taufformel lautet: „Ich taufe dich auf den Namen des Vaters und des Sohnes und des Heiligen Geistes", d.h. der Täufling gehört ganz zu Gott. Er trägt den Namen von Christus („Ich bin Christ"). Früher bekamen die Getauften bei der Taufe auch einen neuen Namen, z.B. Christian, Christina (zu Christus gehörig), Theodor (das Geschenk Gottes) ...
Gleichzeitig heißt es: „Ich habe dich bei deinem Namen gerufen, du bist mein (Jesaja 43,1) oder auch bei Jesu Taufe: „Das ist mein lieber Sohn ...".
Hinweis auf die Bedeutung der Namen der Kinder, sie sind unverwechselbar „bekannt"; wir glauben, dass Gott jeden Einzelnen mit seinem Namen kennt.
Vielleicht kann man mit Hilfe eines Namenslexikons die Namen der Kinder deuten.

3. Biblischer Bezug
Vorwissen der Kinder zur Taufe Jesu abrufen: Wer ist getauft worden, wer hat getauft? Johannes der Täufer hat selber getauft. Er hat auch Jesus getauft. Später hat Jesus seinen Jüngern den Auftrag gegeben, Menschen, die sich an Christus halten wollen, zu taufen (Matthäus 28,19f).

4. Taufe Jesu als Ursprung unserer Taufe (Neukirchener Kinder-Bibel)

3. Teilschritt: Vorbereitung des Abschlussgottesdienstes

Die Kinder können Einladungen für den Gottesdienst (Tauferinnerungsfest) selber entwerfen und schreiben und an die Einzuladenden verschicken (Eltern, Geschwister, Paten, Großeltern). Darauf könnte folgender Text stehen:
„Am (Taufdatum des Kindes) bin ich getauft worden, und ihr wart dabei, als meine Paten, Eltern, Großeltern ... Jetzt habe ich ein Jahr lang viel von Jesus gehört und feiere ein Fest zur Erinnerung an meine Taufe. Dazu lade ich euch ein zum Gottesdienst am ... um ... in ..." Auf die Karte sollte dann noch der Taufspruch des Kindes geschrieben werden.

Mit den Kindern können Teile des Gottesdienstes (Gebete, Lieder ...) vorbereitet werden. Ebenso können sie sich an der Gestaltung des anschließenden Festes im Gemeindehaus beteiligen.

Meine Taufe

Datum _____

Ort _____

_____

Paten _____

_____

Gäste _____

_____

_____

Besondere
Ereignisse _____

_____

_____

_____

Schreibe deinen Taufspruch in den Rahmen:

Themen 12. Taufe

13. Vom Teilen und Schenken

1. Teilschritt: Vom Scherflein der Witwe

Einstieg im Plenum mit dem Lied: Wenn jeder gibt, was er hat.
Die Geschichte „Vom Scherflein der Witwe" (vgl. Lukas 21,1-4) wird den Kindern
von den Mitarbeitern und Mitarbeiterinnen vorgespielt. Dabei werden die Kinder als Tempelbesucher, die ihre Gabe bringen, einbezogen (vgl. Seite 171–172).
Die Erzählung orientiert sich an einer Idee aus dem Buch „Vom Mitmachen und
Mutmachen", Verlag Junge Gemeinde, 139ff.
In den Kleingruppen vertiefen wir die Geschichte durch ein Gespräch und durch
das „Durchrubbeln" von Münzen.

2. Teilschritt: Der kleine Jonathan

Wir singen das Lied „Wenn das Brot, das wir teilen".
Anhand des Spielliedes von R. O. Wiemer „Der kleine Jonathan" („Als Jesus in
der Wüste war", vgl. Seite 173) wird die Geschichte von der Speisung der 5000
szenenweise erzählt und singend aufgenommen und vertieft.
In den Kleingruppen basteln wir einen Gebetswürfel (vgl. Seite 74) und schreiben Tischgebete darauf.

3. Teilschritt: Sankt Martin

Wir treffen uns mit den Familien in der Kirche. Dort singen wir Martins- und
Laternenlieder und lassen unsere Laternen leuchten. Dann schauen wir uns Dias
an zu dem Bilderbuch von K. Boie und J. Bauer, Juli tut Gutes. Die Geschichte
wird zu den Bildern vorgelesen.
Im Anschluss daran entzünden wir ein Martinsfeuer, trinken Kakao und Kaffee
und essen Brezeln, Brötchen, Kuchen, die von den Familien mitgebracht werden. Alles, was mitgebracht wird, wird miteinander geteilt.

Das Scherflein der Witwe (Mk 12,41ff.)

Mitten in Jerusalem steht ein großer Tempel. Schön und prächtig ist er. Nur noch ein bisschen leer. Ihr könnt mir gleich helfen, ein wenig Bewegung in den Tempel zu bringen.

Auch Jesus ist an diesem Tag mit seinen Jüngern wieder in Jerusalem. Er geht mit ihnen in den Tempel. Wie viele andere Lehrer im Tempel redet er zu den Leuten.

Spieler 1 und einige Konfirmanden kommen auf die Bühne. Spieler 2 und einige Kinder gruppieren sich um Spieler 1.

Heute ist er in einem besonderen Teil des Tempels: im Vorhof der Frauen. Nur hier dürfen sich die Frauen aufhalten. Aber auch viele andere Menschen sind da.

Sie versammeln sich um Jesus. Sie hören ihm zu, wie er davon erzählt, dass Gott alle Menschen lieb hat, dass alle gleich wichtig und wertvoll sind.

Die meisten Menschen wollen in den Tempel zum Gottesdienst. Sie kommen zum Schönen Tor herein und gehen am Opferkasten vorbei. In diesen Kasten werfen die Leute Geld, zum Beispiel dafür, dass der Tempel schön geschmückt wird, oder für das Holz, das für das Feuer auf dem Altar gebraucht wird, oder dafür, dass den Armen und Kranken geholfen werden kann.

Spieler 2 und Kinder gehen vorbei und werfen Geld ein.

Hinter dem Opferkasten steht ein Priester. Er schaut ganz genau hin, wie viel die Menschen da hineinlegen. Wir wundern uns darüber. Aber für die Menschen damals war das sehr wichtig. Sie wollten wissen, wer es sich etwas kosten lässt, dass der Tempel schön erhalten bleibt.

Spieler 3 stellt sich hinter den Opferstock.

So ist es auch normal, dass auch Jesus sich mit seinen Jüngern in eine Ecke stellt und zuschaut.

Immer mehr Menschen kommen und werfen ihre Gaben ein.

Spieler 1 und Konfirmanden stellen sich in die linke Ecke.

Hier kommt ein ganz reicher Mann. An seiner schönen teuren Kleidung kann man sehen, dass er viel Geld hat. Ganz stolz geht er zum Opferkasten. Dort bleibt er stehen und schaut sich erst einmal um, ob ihn auch alle sehen. Jetzt wirft er andächtig eine wertvolle Münze in den Kasten.

Spieler 4 kommt aus der rechten Ecke.

Die Leute staunen. Der lässt sich nicht lumpen, denken sie. Der lässt sich den schönen Tempel etwas kosten. Auch der Priester nickt anerkennend mit dem Kopf. Der Reiche geht zufrieden weiter.

Spieler 2 und Kinder schauen zu.

Plötzlich kommt eine schwarz gekleidete Frau zum Schönen Tor herein. Sie schaut sich nicht um. So, als wollte sie von niemandem gesehen werden, geht sie

Spieler 5 kommt auf die Bühne und spielt die Szene aus.

durch den Frauenvorhof. Jesus sieht diese Frau. Er unterbricht das Gespräch mit seinen Jüngern und schaut nur noch auf diese unscheinbare Frau.

Schon an ihrem ärmlichen Kleid können alle erkennen, dass sie nicht reich ist. Ihr Mann ist gestorben. Niemand ist da, der für sie sorgt. So muss sie oft betteln gehen. Die Leute geben ihr zu essen und manchmal auch etwas Geld. Das teilt sie sich dann gut ein, dass es auch viele Tage reicht.

Aber was macht die Frau da? Auch sie bleibt am Opferkasten stehen. Sie will gar nicht gesehen werden. Schnell nimmt sie zwei kleine Münzen aus ihrer Tasche, legt sie in den Kasten und geht weiter. Alles Geld, das sie gerade besitzt, hat sie gegeben. Aber sie ist darüber gar nicht traurig. Sie betet zu Gott: Lieber Vater im Himmel, bisher hast du jeden Tag für mich gesorgt. Du wirst mich auch weiterhin nicht im Stich lassen!

Und so geht sie ganz beruhigt wieder nach Hause in ihre armselige Hütte.

Als die Jünger das beobachtet haben, sind sie entsetzt: Ist diese Frau denn normal? Warum hat sie nicht wenigstens ein Geldstück für sich behalten? Jetzt kann sie wieder betteln gehen! Und mit diesen zwei armseligen Münzen wird der Tempel auch nicht schöner. „Nicht wahr, Jesus, das war doch nicht richtig von der Frau?", sagen sie zu Jesus.

Was wird Jesus wohl sagen? Hören wir doch einmal ganz genau, was er seinen Jüngern sagt:

„Ich sage euch, diese Frau hat mehr gegeben als alle hier zusammen."

Das verstehen die Jünger nicht. Sie schauen ihn verständnislos an. Was sagt er da? Sie hat mehr gegeben als alle zusammen? Was meint er damit?

Und dann fährt Jesus fort und erklärt, was er meint: „Ja, diese Menschen haben genügend Geld und Häuser. Es tut ihnen nicht weh, wenn sie etwas von ihrem Reichtum abgeben. Sie können sich trotzdem noch alles leisten, was sie haben wollen. Diese arme Witwe aber hat alles gegeben, was sie zum Leben braucht. Sie konnte das tun, weil sie darauf vertraut, dass Gott für ihr Leben sorgen wird. So hat sie nicht nur ihr Geld, sondern ihr ganzes Leben Gott gegeben."

Die Speisung der 5000 (Joh 6,1-13)

T. Rudolf Otto Wiemer, M. Ludger Edelkötter
aus: Biblische Spiellieder Äthiopien
Alle Rechte im Impulse Musikverlag, 48317 Drensteinfurt

2. Und als der große Hunger kam,
sprach Jesus: Ihr müsst teilen.
Da teilten Frau und Kind und Mann,
da teilt der kleine Jonathan.
Da teilten Frau und Kind und Mann,
und viele, viele Kinder.

3. Und Jesus segnet Fisch und Brot
und sagt: Kommt her und esset.
Da aßen Frau und Kind und Mann,
da aß der kleine Jonathan.
Da aßen Frau und Kind und Mann,
und viele, viele Kinder.

4. Und alle Menschen wurden satt,
die dort bei Jesus saßen.
Satt wurden Frau und Kind und Mann,
satt war der kleine Jonathan.
Satt wurden Frau und Kind und Mann,
und viele, viele Kinder.

5. Denn Brot, das man mit andern teilt,
wird wunderbar sich mehren.
Es dankten Frau und Kind und Mann,
es dankt der kleine Jonathan.
Es dankten Frau und Kind und Mann,
und viele, viele Kinder.

14. Vom Traurigsein und Getröstetwerden

1. Teilschritt: Vom Traurigsein

1. Liturgischer Einstieg im Plenum:
Lieder: – Halte zu mir, guter Gott
           – Kleines Senfkorn Hoffnung
           – Das wünscht' ich sehr (als Zwischenvers beim Psalm)
Psalmgebet im Eingangsteil (Kehrvers: Das wünscht' ich sehr):
Heute ist ein guter Tag für mich.
Ich bin gesund und fröhlich
und wir können viel miteinander unternehmen.
Wird es so bleiben?
Ich denke an Kinder, die krank sind und behindert.
    Kehrvers
Ich habe Menschen, die mich mögen und die für mich sorgen:
Mutter und Vater und Oma und noch andere.
Hoffentlich sind sie weiter für mich da.
Es ist schlimm, keinen Menschen zu haben, der zu einem gehört.
    Kehrvers
In unserem Land herrscht Frieden.
Ich habe zu essen und zu trinken und ein Dach über dem Kopf.
In anderen Ländern müssen Kinder und Erwachsene um ihr Leben fürchten.
Sie müssen aus ihrer Heimat fliehen.
Kann das auch einmal bei uns so sein?
    Kehrvers
Manchmal denke ich daran, was mit mir noch alles geschehen kann.
Einmal werde auch ich sterben.
Das macht mir Angst.
Wird dann jemand bei mir sein, der mich lieb hat?
    Kehrvers
aus: Evangelische Kinderkirche 4/98

2. Geschichte „Oma" (vgl. Seite 178)
In den Kleingruppen lesen wir die Geschichte „Oma". Daran schließt sich ein gelenktes Gespräch über eigene Erfahrungen der Kinder an. Wir überlegen, welche Kinder Verwandte oder Freunde auf dem nahe gelegenen Friedhof beerdigt haben.
Wir lernen das Gebet:
    Manchmal, wenn ich traurig bin
    und vor Kummer weine.
    lieber Gott, dann bitt' ich dich:
    Lass mich nicht alleine.
    Tröste mich und mach,
    dass ich wieder lach'. Amen.

3. Abschluss im Plenum
Alle sprechen das in den Kleingruppen gelernte Gebet.

2. Teilschritt: Besuch des Friedhofs (vgl. auch S. 152f.)

An diesem Nachmittag benötigen wir mehr Zeit, weil wir die Gräber von Verwandten und Freunden auf dem nahe gelegenen Friedhof besuchen wollen.
Dazu begleiten uns einige Eltern.
Wir gehen in unseren Kleingruppen, kaufen Blumen und gehen zu den Gräbern.
Wir erinnern uns an diese Menschen und schmücken die Gräber mit unseren Blumen.
Anschließend treffen wir uns im Gemeindehaus mit den anderen Eltern und mit unseren Geschwistern. Wir trinken Kakao und essen Kekse. Dann hören wir die Geschichte von „Jockel Kreuzmaler" (vgl. Seite 179–181). Wir schließen mit einem Lied.

Elternabend zum Thema „Tod und Sterben"

Plenum:
„Wie ist das eigentlich, wenn man tot ist?" oder „Müssen eigentlich alle sterben?" Auf solche Fragen zu antworten ist nicht leicht. Aber irgendwann sind bei unseren Kindern solche oder ähnliche Fragen plötzlich da:
– vielleicht, weil Ihr Kind mitbekommen hat, dass der Opa eines Freundes gestorben ist,
– vielleicht, weil es im Garten einen toten Vogel gefunden hat,
– vielleicht lag eines Morgens das Meerschweinchen oder der Wellensittich tot in seinem Käfig,
– vielleicht, weil es spürt, dass der Tod eines lieben Menschen in der eigenen Familie einiges durcheinander gebracht hat.
Irgendwann sind diese Fragen da, weil Kinder zu diesem Thema Eindrücke und Erfahrungen gesammelt haben – manchmal vielleicht, ohne dass wir es genau mitbekommen haben.

Wir, die Erwachsenen, merken, dass wir uns manchmal schwer tun mit den Fragen unserer Kinder. Und ganz besonders schwer tun wir uns immer dann, wenn wir etwas meinen, nicht erklären zu können, weil wir es für uns selbst noch gar nicht klar bzw. geklärt haben.
Früher war für viele Menschen das Thema „Sexualität" ein solches Tabu-Thema. Heute gibt es eine Vielzahl von Bilder- und Sachbüchern, die uns helfen, dieses Thema kindgemäß anzugehen.
Beim Thema „Tod und Sterben" ist es anders. Früher gehörte der Tod viel selbstverständlicher zum Leben. Es gab feste Rituale, die beim Abschiednehmen halfen. Der Tote wurde zu Hause aufgebahrt. Alle kamen, um Abschied zu nehmen.

Heute wird der Tod verdrängt. Nur noch wenige Menschen sterben zu Hause. Wir verdrängen ihn, weil er uns Angst macht. Und es fällt uns schwer, unseren Kindern Antwort zu geben auf die Fragen, die sie uns stellen.

„Dazu bist du noch zu klein – das ist noch nichts für dich" ... Statt eine Antwort zu bekommen, wird das Kind vertröstet. Ein Kind spürt bei einer solchen Antwort, dass es den Eltern unangenehm ist, darüber zu reden. Es wird verunsichert und irritiert.

Es erwartet eine Antwort, so wie es auf andere Fragen ja auch eine Antwort bekommt. Es möchte nicht vertröstet werden.

Es müssen keine perfekten Antworten sein. Wichtig ist, dass wir unsere Kinder ernst nehmen und eine persönliche Antwort zu geben bereit sind.

Und sind wir uns über bestimmte Dinge noch nicht im Klaren, sollten wir es den Kindern sagen: „Darüber will ich nachdenken. Ich weiß es selber nicht genau."

Wir möchten heute Abend mit Ihnen ins Gespräch kommen über dieses so schwierige Thema. Wir denken, es ist wichtig, dass wir als Erwachsene über unsere Fragen und Unsicherheiten nachdenken, auch über unsere Erfahrungen zum Thema „Abschiednehmen und Sterben".

Bevor wir uns in die rote, grüne und blaue Gruppe aufteilen, will ich Ihnen noch kurz sagen, worum es uns geht, wenn wir dieses Thema mit den Kindern aufgreifen.

Am ersten Nachmittag hören wir eine Geschichte von einem Mädchen, das sich an ihre Oma erinnert: Was sie mit ihr erlebt hat, wie es war, als die Oma krank wurde und starb, und wie es dann weiterging, wie sie Trost fand.

Am zweiten Nachmittag gehen wir auf den Friedhof. Wir betrachten Gräber und überlegen, was sie uns vom Leben der verstorbenen Menschen erzählen. Wenn Kinder Verwandte auf dem Friedhof haben, besuchen wir diese Gräber und bringen eine Blume dorthin.

Kleingruppen:
Welche Erinnerungen habe ich an Begegnungen mit dem Tod, als ich selbst noch ein Kind war?
Welche eigenen Erfahrungen habe ich gemacht?
Wo bin ich als Mutter/Vater mit Kinderfragen zum Sterben konfrontiert worden?
Meine Erfahrungen als Mutter/Vater.

Plenum
Es gibt mittlerweile auch viele Bilder-Vorlesebücher zu diesem Thema. Einige von ihnen haben wir auf dem Büchertisch aufgebaut. Die meisten haben wir gelesen und können Sie darüber informieren.

Selbstverständlich sind wir auch gerne zu einem persönlichen Gespräch bereit, wenn Fragen offen geblieben sind. Sprechen Sie uns einfach an.

Bücher zum Thema: Trauern, Sterben und Tod

Sachbücher:
Carola Schuster-Brink, Kinderfragen kennen kein Tabu, Ravensburg 1991
Marielene Leist, Kinder begegnen dem Tod, Gütersloh 1979
Christine Reitmeier, Waltraud Stubenhofer, Bist du jetzt für immer weg? Freiburg 1998

Bilderbücher:
Susan Varley, Leb wohl, lieber Dachs, Annette Betz Verlag
Heike Ellermann, Der rote Faden, Lappan Verlag
Amelie Fried, Jacky Gleich, Hat Oma einen Anzug an? Hanser Verlag
Wenche Oyen, Marit Kaldhol, Abschied von Rune, Ellermann Verlag
Imme Dros, Das O von Opa, Middelhauve
Franz Hübner, Großmutter, Neugebauer Press
Sophie Brandes, Oma, liebe Oma, Edition Bücherbar
Regine Schindler, Pele und das neue Leben, Verlag Ernst Kaufmann
Hiltraud Olbrich, Abschied von Tante Sofia, Verlag Ernst Kaufmann

Lese-Vorlesebücher:
Rolf Krenzer, So war das mit Tommy, Coppenrath Verlag
Viveca Sundvall, Mein Bruder ist immer noch mein Bruder, Oetinger
Servus, Opa, sag ich leise
Achim Bröger, Oma und ich, Büchergilde Gutenberg
Katrien Seynaeve, Eine Wolke zum Abschied, Herder
Antoinette Becker, Elisabeth Niggemeyer, Ich will etwas vom Tod wissen, Ravensburg
Gudrun Mebs, Birgit, Verlag Sauerländer

Oma

Hier auf dem Sofa am Fenster hat sie immer gesessen und Strümpfe gestrickt, meine Oma. Zwei rechts, zwei links, immer gleich, jahrein, jahraus. Sie hat gestrickt, aus dem Fenster geschaut, gesehen, wenn ich kam, und dann mit mir geplaudert. Sie war einfach da, wir konnten erzählen oder schweigen und uns darüber freuen. Und jetzt liegt es da, das Strickzeug. Der letzte Strumpf ist nur angefangen. Sie kann ihn nicht mehr zu Ende bringen. Erst vier Wochen sind vergangen, seit der Krankenwagen kam und sie mitnahm in die Klinik. Sicher, sie war schon alt, auch gebrechlich, aber auf einmal wurde es ernst.

Mensch, Oma, habe ich gedacht, Omalein, du siehst so klein aus auf einmal. Du wirkst so hilflos und verloren in diesem riesigen, weißen Krankenhausbett. Ist es jetzt soweit? Willst du wirklich gehen? Willst du uns allein lassen? – Ich will das nicht! Bleib doch, werde wieder gesund! Ich will, dass du wieder erzählst und lachst, die Strümpfe strickst und ich dir zusehen kann. Ich will, dass es so bleibt, wie es immer war, seit ich denken kann.

Aber meine Wünsche haben nichts genützt. Sie ist immer schwächer geworden, hat immer weniger gesprochen und mich kaum noch verstanden (sie war kaum noch da).

Bis zu diesem Samstag vor dem 1. Advent. Ich hatte eine Kerze mitgebracht in ihr Krankenzimmer. Und wer weiß warum, ich habe den 1. Advent einfach vorverlegt und schon am Samstag die Kerze angezündet. Es war ein wunderschöner Tag, und auf einmal war die Oma anders als sonst. Sie war wie früher, hat erzählt und erzählt und mich ausgefragt. Sie wollte alles wissen, und wir haben geschwätzt und gelacht, bis es draußen dunkel wurde. Wir haben uns ganz herzlich und freudig verabschiedet, und beim Gehen fühlte ich mich leicht und frei. Mir war ganz warm ums Herz, ja, das war wieder meine Oma gewesen, richtig lebendig.

Danach haben wir nie mehr miteinander sprechen können. Sie ist am darauf folgenden Tag, dem 1. Advent, gestorben.

Sie fehlt mir. Ich sehe ihren Platz am Fenster, sie wird nie mehr hinausschauen. Ich sehe das Sofa, auf dem sie nie mehr sitzen wird. Ich sehe den angefangenen Strumpf, an dem sie nie mehr stricken wird. Und sie wird nie mehr mit mir erzählen und für mich da sein. Ich bin traurig und fühle den Krampf um mein Herz.

Heute ist der 2. Advent. Zögernd zünde ich die beiden Kerzen an. Ich denke an die letzte Woche. Langsam gehe ich zum Sofa hinüber. Schritt für Schritt. Ich setze mich auf ihren Platz und nehme ihr Strickzeug in die Hand. Ich kann nicht so gut stricken wie sie – aber ich kann es, sie hatte es mir als Kind schon beigebracht. Und während ich vorsichtig zu hantieren beginne, spüre ich ein warmes Gefühl in mir aufsteigen. Es breitet sich aus in mir, in meinem Bauch, meinem Herzen, in meinem Gesicht. Und mit den Freudentränen spüre ich das Lächeln auf meinen Lippen und weiß auf einmal ganz genau, dass meine Oma noch immer da ist. Sie ist in mir, ich kann sie mir denken, mit ihr sprechen, sogar mit ihr lachen. Sie ist mir ganz nah.

Jutta Baumann

Jockel Kreuzmaler

In Wirklichkeit heißt Jockel mit dem Nachnamen gar nicht Kreuzmaler. Die Leute im Dorf nennen ihn nur so, und das hat seine besondere Bewandtnis: Als Jockel sechs Jahre alt war, bekam er eine kleine Schwester. Sie wurde auf den Namen Rosa getauft. Jockel fand, dass Rosa ein passender Name für das kleine zarte Wesen war, denn so sah sie auch aus – rosa von der Stupsnase bis zu den winzigen Zehen. Er hatte sie sehr lieb und nannte sie Rosi. Er spielte mit ihr, brachte ihr die ersten Worte und Schritte bei, bewachte sie wie ein Ritter seine Prinzessin und war jederzeit bereit, ihr seine schönsten Spielsachen zu schenken. Aber als Rosi drei Jahre alt war, wurde sie eines Tages krank und starb wenig später.

Jockel musste mit ansehen, wie seine geliebte kleine Rosi in einen Sarg gelegt und und auf dem Friedhof in die Erde gebettet wurde. Er ging fast jeden Tag hin und legte frisch gepflückte Blumen und im Winter Tannenzweige auf das Grab. Er konnte sich einfach nicht vorstellen, dass Rosi wirklich tot war. Er glaubte, sie sitze im Himmel auf einer Wolke und sehe Tag für Tag auf ihn nieder. Ihr kurzes, schmales Grab lag am Ende einer Reihe von elf anderen, genauso kleinen Kindergräbern an der Südseite des Friedhofes. Jockel hatte auch einige von den Kindern gekannt, die in den andern Gräbern lagen, zum Beispiel den kleinen Peter gleich neben Rosi, der – genau wie Rosi – an Scharlach gestorben war. Im nächsten Grab lag Konrad, der im ersten Schuljahr mit Peter auf einer Bank gesessen hatte und im Winter darauf beim Schlittschuhlaufen ertrunken war. Und im übernächsten lag die kleine Bauerntochter Dorle.

Wenn Jockel vor den Kindergräbern stand, dachte er jedesmal an Rosi auf der Wolke, und im Geiste sah er auch die anderen Kinder auf Rosis Wolke. Womöglich waren sie gar nicht so traurig, wie ihre kleinen Gräber aussahen. Am Kopfende eines jeden stand ein dunkles, hölzernes Kreuz, bei zweien standen sogar richtige Grabsteine. Der Anblick der dunklen, strengen Kreuze stimmte Jockel immer wieder traurig. Warum hatte man seinem lustigen rosigen Schwesterchen zum Gedächtnis ein so finsteres Grabkreuz errichtet? War es denn nicht schön, an sie erinnert zu werden? Doch, Jockel dachte gern an Rosi, und darum beschloss er eines Tages im späten Herbst, als alle Leute sich darauf vorbereiteten, den Feiertag zum Gedächtnis der Toten zu begehen, die Sache mit dem finsteren Kreuz zu ändern.

Am Tage vor diesem Sonntag leerte er seine Sparbüchse. Mehr als zehn Mark kamen zum Vorschein, als er sie aufschloss. Er steckte die Münzen in seine Hosentaschen und ging zum Malermeister. Für eine Mark bekam er einen Pinsel und eine kleine Büchse mit wetterfester, glänzender rosa Farbe. Schnurstracks lief er mit seinen Schätzen zum Friedhof. Weit und breit war kein Mensch zu sehen, denn bis zum Totensonntag mussten ja noch über zwanzig Stunden vergehen.

Jockel kniete vor Rosis Kreuz nieder, öffnete die Farbbüchse und begann eifrig, das dunkle Holz mit seiner rosa Ölfarbe anzumalen. Die Arbeit ging ihm viel zu schnell von der Hand, nach einer halben Stunde schon war er fertig. Er trat ein paar Schritte zurück und musterte sein Werk. Er fand es so schön wie ein Kreuz aus purer Morgenröte, und er war sicher, dass Rosi auf ihrer Wolke jetzt glücklich in die Hände klatschte und sich freute. Doch während er noch so stand und sein Geschenk an Rosi betrachtete, kam ihm der Einfall, dass er den Kindern in den anderen Gräbern eigentlich auch eine solche Freude machen könnte. Er überlegte, welche Farben er wählen sollte. Was mochte wohl am besten zu Peter passen, der neben Rosi begraben worden war? Jockel dachte angestrengt nach – ja richtig: Peter hatte immer eine himmelblaue Pudelmütze getragen, auch seine Augen waren hellblau gewesen. Vermutlich würde Peter an einem blauen Kreuz die größte Freude haben! Und Konrad? Und Dorle?

Jockel brauchte beinahe eine Stunde, um für jedes Kreuz die rechte Farbe zu ersinnen. Dann lief er wieder zum Maler und kaufte für sein ganzes restliches Geld neun kleine Büchsen mit den verschiedensten Farben. Fast den ganzen Nachmittag verbrachte er mit dem größten Vergnügen auf dem Friedhof und bemalte die dunklen Holzkreuze der verstorbenen Kinder. Er stellte sich vor, wie sie ihm aus ihrer Himmelshöhe zusähen und sich über seinen Eifer genauso freuten wie Rosi.

Gerade als er den Querbalken des letzten Kreuzes anstrich, hörte er sich unversehens von einer Männerstimme beim Namen gerufen: „Jockel! Um alles in der Welt – was tust du da?"

Jockel blickte verstört von seiner Arbeit auf. Auf dem Kiesweg, der an den Gräbern vorbeiführte, stand hoch und dunkel mit entsetzt ineinander verkrampften Fingern der Herr Pfarrer. Er starrte so erschrocken auf die bunten Kinderkreuze, dass Jockel zum ersten Mal an diesem Tage so etwas wie Gewissensbisse empfand. Ratlos ließ er die Hand mit dem Pinsel sinken.

„Ich ... ich wollte ja nur ...", stotterte er, wusste aber nicht weiter. Mit zwei, drei Schritten eilte der Pfarrer auf ihn zu und packte ihn an den Schultern.

„Jockel! So erkläre mir doch, was das bedeuten soll! Meine Güte, die Angehörigen werden morgen, wenn sie die Gräber sehen, außer sich sein!"

„Aber es sah doch alles so traurig aus", stieß Jockel hervor, „und das war doch ganz falsch!"

Der Pfarrer sah ihn aufmerksam an. „Was war falsch, mein Junge?"

Jockel deutete mit dem Pinsel auf seine kunterbunten Grabkreuze und sagte: „Zuerst wollte ich ja nur Rosis Kreuz anmalen. Zur Überraschung! Als Sie Rosi beerdigten, sagten Sie doch selbst, dass sie wie eine Blütenknospe gewesen sei. Und dann fiel mir ein, dass die andern sicher auch eine Freude hätten, wenn ich ihre Kreuze bunt anmalte. Peter mochte doch blaue Sachen so gern und bei Konrad musste alles rot sein. Und Dorle hat das Korn und die Sumpfdotterblumen so gern gemocht. Darum habe ich ihr Kreuz gelb angemalt ..."

„Und Angela?", fragte der Pfarrer.

„Angela war doch die Tochter vom Förster und spielte am liebsten mit Moos. Sie brachte uns allen jedes Jahr das Moos für die Osternester. Außerdem ging sie ja so gern im Wald spazieren. Ich dachte mir, grün ist das Richtige für sie. und für das nächste habe ich weiß genommen, weil doch ein ganz kleines Baby in dem Grab liegt ..."

Während Jockel sprach, ging der Pfarrer mit ihm von Grab zu Grab. Jockel konnte von jedem der verstorbenen Kinder etwas erzählen; er redete von ihnen, als wären sie gar nicht tot, als wäre es schön und erheiternd, an sie zu denken und von ihnen zu sprechen – und der Pfarrer hörte ihm mit großer Aufmerksamkeit zu. Erst als Jockel fertig war, sah er ihn lächelnd an und sagte: „Mach dir keine Sorgen, Jockel. Ich will noch heute zu den Angehörigen der Kinder gehen und ihnen beibringen, was sich hier ereignet hat, damit sie morgen vor Schreck nicht umfallen, wenn sie die Kreuze sehen."

„Daran hatte ich gar nicht gedacht", sagte Jockel kleinlaut. Der Pfarrer nickte: „Schon gut, Jockel. Das Wichtigste ist ja, dass die kleinen Verstorbenen in deinem Herzen so wenig tot sind wie in der Ewigkeit. Nun beendige deine Arbeit, ehe dir die Farbe eintrocknet!"

Zur selben Stunde noch ging der Pfarrer zu den Eltern der verstorbenen Kinder und bereitete sie auf die Überraschung vor. Und wenn auch einige von ihnen die bunten Kreuze nicht gerade schön fanden, begriff doch jeder, was Jockel damit hatte ausdrücken wollen.

Seitdem sind etliche Jahre vergangen. Jeder Fremde, der auf diesen Friedhof kommt, wundert sich über die farbenfrohen Kindergräber, und er danach fragt, von wem dieser Einfall eigentlich stamme, bekommt immer wieder die gleiche Antwort. „Von Jockel Kreuzmaler."

Eva Rechlin

15. Weihnachten

Im Folgenden finden Sie verschiedene Ideen zur Gestaltung einer Einheit zum Thema. Stellen Sie diese nach Ihren eigenen Vorstellungen zusammen (Text: Neukirchener Kinder-Bibel, Nr. 1–7).

- *Denkanstöße zum Gespräch:* Wie kann es möglich sein, dass Gott tatsächlich in der Gestalt eines Menschen auf die Welt kommt? Das ist doch unglaublich, was die Geschichte behauptet: Gott als der Allumfassende, alles Umgreifende, ewig, soll plötzlich als normaler Mensch hier sein? Ein normales Baby – nichts Außergewöhnliches – es schreit, braucht Windeln, ist völlig abhängig von der Pflege seiner Eltern.
  – Wie haben die Menschen in der Weihnachtsgeschichte reagiert?
  – Welche „Weihnachtsrequisiten" gibt es in dem Evangelium, welche nicht?
  (Weihnachtsmann, Sterne, fliegendes Christkind, Weihnachtsbaum, -kugeln)
- *Krippe basteln:* Im Zusammenhang mit der Geschichte aus der Sicht der beteiligten Personen kann man eine Krippe basteln, die aus einfachen Figuren besteht (jedes Kind baut seine eigene Krippe oder eine Krippe als Gemeinschaftsarbeit, vgl. Seite 183–185). Beim Herstellen der Figuren kann man diese auch im Gespräch spielen („Ich bin einer der Hirten – wie ging es mir, was habe ich gefühlt/gedacht, als die seltsamen Wesen mich auf dem Feld erschreckt hatten? Wieso lasse ich die Herde alleine und gehe weg?"). Auch in diesem Alter spielen die Kinder gerne noch „Was wäre, wenn?" und lassen durch zielgerichtetes Unterhalten die Personen bei ihrer Herstellung lebendig werden. Das Rollenspiel wird durch das Gestalten der Figuren in den Hintergrund gerückt und die sonst sehr stillen Kinder können sich eher beteiligen.
- Wunschzettel schreiben (vgl. Seite 186).
- *Geschichten und Gespräch darüber:* Unterschiedliche Geschichten (vgl. Seite 187–189) geben den Kindern reichlich Anregungen, darüber nachzudenken, was in der Weihnachtszeit wichtig sein kann.
- *Krippenspiel:* Die Kinder können ihre Eltern/Großeltern befragen, wie sie Weihnachten früher gefeiert haben. Sie fragen danach, was ihnen heute noch als das Schönste in Erinnerung ist. Sie können auch eine Umfrage in der Klasse (Fragebogen erarbeiten) machen, vielleicht lässt sich auch eine gemeinsame Aktion mit der Grundschullehrerin daraus gestalten. Sollte die Gelegenheit für eine Aufführung nicht im Weihnachtsgottesdienst bestehen, kann man im Kindergarten, in der Schule, im Altersheim eine Möglichkeit finden.
- *Schriftrolle:* Der Text der Weihnachtsgeschichte lässt sich gut erarbeiten, wenn man ihn abschreibt. Dazu wird schönes Papier aneinander geklebt, um eine Schriftrolle herzustellen. Dann wird der Text in Sinnabschnitten abgeschrieben und mit einem Bild oder einer Zeichnung versehen. Schön gestaltete Überschriften sollten auch nicht fehlen. Wenn man dann noch rechts und links an die Seiten Holzstäbe mit je zwei Kugeln klebt, lässt sich das Ganze auch gut auf- und abrollen.
- *Krippenbesichtigung:* Je nach örtlichen Möglichkeiten Besuch von Krippen in Kirchen oder in Krippenausstellungen.

- *Rätsel:* Verschiedene Rätsel vertiefen das Thema auf kindgemäße Weise (vgl. Seite 189–191).

Wir stellen Krippenfiguren her

Material:
Holzperlen/Kugeln mit 2,5 cm Durchmesser, eine mit 1,5 cm. Verschieden farbiges Tonpapier, Gold- und Silberfolie, Wollreste, Alleskleber, Buntpapier, Filzstifte.

Figuren:
Die Figuren werden alle nach einem Grundschnitt angefertigt. Aus Tonpapier wird der Körperteil ausgeschnitten und zu einer Spitztüte gedreht und zusammengeklebt. Auf die Spitze kommt eine Holzperle als Kopf, die Arme werden aus einem Stück an den Rücken geklebt. Die Hände kann man aus weißem Papier an das Ende der Arme kleben.
Die Umhänge sind auch aus einem Grundschnitt – nur die Länge und die Ecken variieren.
Kopfbedeckungen werden auch aus dem Tonpapier angefertigt, Zipfelmützen, Kopftücher, Hüte mit breiter Krempe: Der Fantasie sind keine Grenzen gesetzt.
Die Engel (weißes Tonpapier) bekommen zu den Armen noch extra Flügel aus einem Stück geschnitten.
Jesus hat die kleinere Holzkugel als Kopf und der Körper wird röhrenförmig als Wickelkind gebildet.
Die Schafe werden doppelt ausgeschnitten und bis auf die Beine zusammengeklebt, mit schwarzen und weißen Wollresten beklebt. Die Beine werden auseinander gedrückt, so dass sie stehen können.
Sparsam angewandt kann man auch kleines Beiwerk verteilen: Hirtenstäbe aus Ästchen, Umhängetaschen, Schürze, kleine Verzierungen aus Buntpapier …

Einfache Krippenfiguren

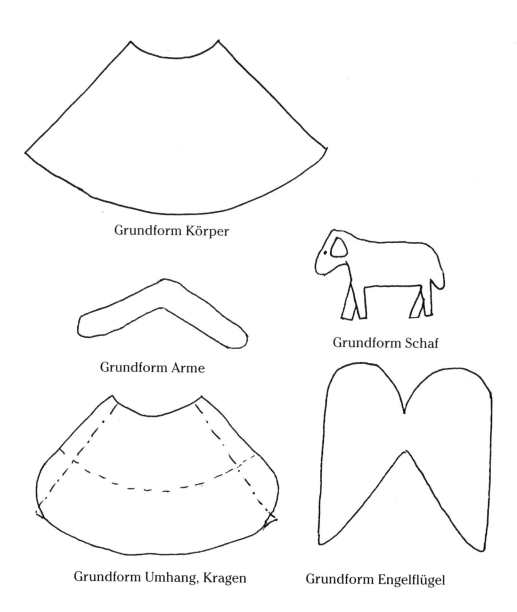

Grundform Körper

Grundform Arme

Grundform Schaf

Grundform Umhang, Kragen

Grundform Engelflügel

Strohsterne basteln

Material:
Pro Stern vier gebügelte Strohstücke gleicher Länge (8–12 cm), doppelseitiges Glanzpapier, Schere, Nadel und Faden, evtl. zwei Holzperlen.

Abfolge:
(A): Schneide aus dem Glanzpapier ca. 6 x 6 cm große Quadrate aus und falte sie in vier Schritten zur „Tüte". (B): Male mit dem Bleistift die Schnittlinien auf (ca. 5 mm Abstand) und zerschneide die „Tüte" in einzelne Ringe. (C): Lege nun ein Strohstück auf einen Papierring. (D): Lege das zweite Strohstück waagerecht darüber. (E) Schiebe nun das dritte Strohstück unter dem Papierring über die gekreuzte Mitte der ersten beiden Stücke auf die andere Seite durch. (F): Schiebe das vierte Strohstück auf die gleiche Weise auf der anderen Seite ein.

Durch Verschieben der Strohstücke kannst du einen zweiten, dritten oder vierten Papierring „einweben". Grundsätzlich gilt: Je mehr Papierringe eingesetzt werden, desto stabiler ist der Stern.

Wer will, kann in der Mitte auf beiden Seiten eine Holzperle festknoten.

Zum Schluss die Enden der Strohstücke beschneiden.

Wunschzettel

 Ich wünsche mir etwas, das Spaß macht:

 Ich wünsche mir etwas, das wichtig ist:

Ich wünsche mir etwas, das man nicht sehen kann:

Ich wünsche mir etwas, das nicht für mich ist:

Die Geschenke in der Heiligen Nacht

Als die Hirten schon lange gegangen waren und es still geworden war in der ärmlichen Hütte seiner Geburt, hob das Kind seinen Kopf und schaute zur Tür. Dort stand ein Junge, verängstigt und schüchtern.

„Tritt näher", sagte das Christkind, „warum bist du denn so ängstlich?"

„Weil ich dir nichts mitgebracht habe", antwortete der Junge.

„Ich hätte aber sehr gerne etwas von dir", meinte das Kind in der Krippe.

Da wurde der fremde Junge ganz aufgeregt: „Ich habe nichts. Mir gehört nichts. Wenn ich etwas hätte, würde ich es dir geben ... Hier", und der Junge wühlte in den Taschen seiner zerlumpten Hose, „hier ist die Klinge eines alten Messers. Ich habe sie gefunden, du sollst sie haben."

„Nein", sagte das Kind, „behalte sie. Ich möchte etwas ganz anderes von dir haben. Es sind drei Dinge."

„Gern", sagte der Junge, „aber was?"

„Schenk mir dein letztes Bild, das du gemalt hast." Der Junge wurde rot und verlegen. Damit es nicht einmal Josef und Maria hören konnten, ging er mit seinem Mund ganz nah an das Christkind heran. „Aber das Bild war so schlecht, dass es niemand überhaupt nur anschauen mochte."

„Eben deshalb", sagte das Kind in der Krippe, „will ich das Bild haben. Du sollst mir immer das bringen, was anderen an dir nicht gefällt oder was anderen in deinem Leben nicht genügt."

„Und dann", fuhr das Christkind fort, „möchte ich deinen Teller haben."

„Aber den habe ich heute zerbrochen", stotterte der Junge.

„Darum will ich ihn haben", sagte das Kind in der Krippe. „Du sollst mir immer das bringen, was in deinem Leben zerbrochen ist. Ich will es wieder ganz machen."

„Und als letztes", sagte das Christkind, „gib mir die Antwort an deine Eltern, als sie dich fragten, wie du den Teller zerbrochen hast."

Da wurde der Junge sehr traurig und flüsterte: „Ich habe gesagt, ich hätte den Teller unbeabsichtigt vom Tisch gestoßen. Aber das war eine Lüge. In Wirklichkeit habe ich ihn im Zorn auf den Steinboden geworfen."

„Das wollte ich wissen", sagte das Christkind, „bring mir immer alles, was in deinem Leben böse ist, deine Lügen, deine Ausflüchte, deine Feigheit und Grausamkeit. Ich will sie dir wegnehmen. Du brauchst sie nicht. Ich will dich froh machen und werde deine Fehler immer wieder vergeben. Von heute an kannst du jeden Tag zu mir kommen."

Idee: W. Baudet

Ursels Streichelbild

Timos große Schwester Ursel arbeitet mit blinden Kindern. Timo fragt oft nach allem Möglichen. Er kann es sich nur sehr schwer vorstellen, wie das ist, nicht sehen zu können.

Vor Weihnachten erzählt ihm Ursel davon, dass sie jeden Morgen die Kerzen am Adventskranz anzünden, zusammen singen und Weihnachtsplätzchen knabbern. Ja, das kann man mit vielen Sinnen erleben, denkt Timo. Man ist nicht nur auf die Augen angewiesen. Man spürt die Wärme der Kerzen und riecht den Duft des Kerzenwachses, der Tannenzweige und der Plätzchen. Und Plätzchen kann jeder genießen, mag er nun sehen können oder nicht.

Aber die vielen farbigen Dinge, die es in der Adventszeit gibt, die können blinde Kinder doch nicht sehen: die bunten Schaufenster, die helle Beleuchtung über den Straßen der Innenstadt, das Geschenkpapier, das mit vielen Bildern geschmückt ist, die das Warten auf Weihnachten immer länger machen.

„Schade!", meint Timo. „Ich mag die Weihnachtskarten und Weihnachtsbilder so gern. All das ist nichts für deine Kinder."

„Ich habe ihnen Adventskarten gebastelt", sagt Ursel und sucht in ihrer Handtasche.

„Schau nur!", lacht sie und zieht eine Postkarte heraus. Sie hat sie sorgfältig in Seidenpapier eingewickelt. „Eine Karte ist übrig, die schenke ich dir!"

Neugierig greift Timo nach der Karte und betrachtet sie.

Ursel erklärt ihm, wie sie das Bild gebastelt hat. Zuerst hat sie Strohhalme aufgeschnitten und gebügelt. Dann hat sie die Strohhalme so auf die Karte geklebt, dass ein richtiges Bild entstanden ist: drei Kerzen mit kleinen Flammen an ihrer Spitze. Einen winzigen Zweig vom Lebensbaum hat sie dann gepresst und noch auf die untere Hälfte des Bildes geklebt. Nun sieht es so aus, als wachsen die drei brennenden Kerzen auf einem grünen Zweig. Einen kleinen Strohstern hat Ursel noch darüber geklebt.

„Sie tasten die Karten mit ihren Fingern ab", erklärt Ursel. „Sie fühlen jede kleine Erhebung. Und mit ihren Fingern entdecken sie die Adventskerze, den Zweig und den Stern!"

„Ja, wenn man nichts sieht, muss man sich eben so behelfen ...", meint Timo nachdenklich und blickt zu den Weihnachtskarten neben dem Fernseher, die Mutter heute gekauft hat. Sie sollen in den nächsten Tagen noch alle geschrieben werden.

„Wir nennen so ein Bild Streichelbild", sagt Ursel leise und fährt ganz zart mit einer Fingerkuppe über die Kerze. „Ich mag es mehr als die bunten, kitschigen Weihnachtskarten!"

„Das ist klar!", lacht Timo. „Du hast die Streichelbilder ja auch selbst gebastelt!"

Spät am Abend, als Timo im Bett liegt und das Licht längst ausgeschaltet ist, hält er immer noch die Karte mit dem Streichelbild in seinen Händen. Wirklich, er hat entdeckt, dass er dieses kleine Bild auch im Dunkeln noch sehen kann. Ganz zart streicht er immer wieder über die aufgeklebte Kerze, den Zweig und den Stern. Und es braucht gar kein Licht zu brennen. Mit seinen Fingern allein entdeckt Timo im Dunkeln das helle Licht und den Stern, der einst über dem Stall von Betlehem gestanden hat. Jetzt versteht Timo seine große Schwester viel, viel besser. Ja, eigentlich ist das kleine Streichelbild viel schöner als all die bunten Weihnachtskarten aus dem Supermarkt.

Als er schließlich müde wird, legt er das Bild neben sich auf das Kopfkissen. Sollte er mitten in der Nacht wach werden, dann möchte er es gleich wiederfinden. Dann wird er es streicheln und sich wieder ein bisschen mehr auf Weihnachten freuen.

Rolf Krenzer

Weihnachtsliederchaos

O du Nacht
Leise ihr Hirten
Ihr Kinderlein
fröhliche
Stille wieder
Alle Jahre rieselt
der Schnee
Kommet kommet

Für die Weihnachtsfeier in der Schule müssen Peter und Petra sechs Lieder auswendig lernen. Sie finden das ziemlich ätzend und machen sich einen Spaß daraus, die Texte durcheinander zu werfen.
Findest du heraus, wie die sechs Lieder heißen?

_____

_____

_____

_____

_____

_____

Großes Adventsrätsel

Lange bevor Jesus geboren wurde, hat ein Prophet einen sehr schönen Spruch
aufgeschrieben, den wir heute gern in unseren Adventsgottesdiensten sprechen.
Du kannst ihn lesen, wenn du die Anfangsbuchstaben aller Bilder nacheinander
unten einträgst.

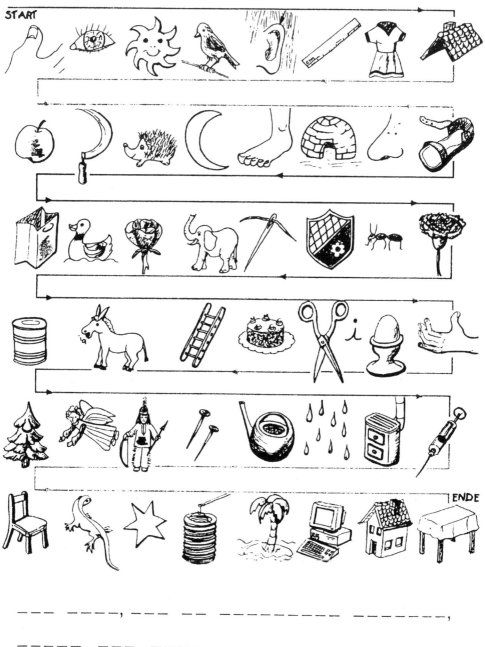

___ ____—___ , ___ — _ _ _____— _____ ,

____— ___ _____—___ ___ ___—__ .

Ordne die Wörter und Wortteile auf den Sternen zu einem sinnvollen Satz und schreibe ihn in die oberen Kästchen.
In der richtigen Reihenfolge ergeben die Buchstaben auf den Mänteln ein neues Lösungswort.
Schreibe es in die unteren Kästchen.

Themen   15. Weihnachten

Quellennachweis

S. 62–63:   © Willi Fährmann, Xanten.

S. 70–71:   Mitte: Ilse Jüntschke, Text aus: Vorlesebuch „Erzähl mir vom Glauben", Verlag Ernst Kaufmann, Lahr und Gütersloher Verlagshaus, Gütersloh.

S. 74, 101, 108: Abbildungen von Doris Westheuser, aus: Religion spielen und erzählen, Bd. 1, 4. Aufl., Gütersloher Verlagshaus, Gütersloh 1997.

S. 78:   Abbildung von Doris Westheuser, aus: Meine Welt, Gütersloher Verlagshaus, Gütersloh.

S. 115–117:   Gudrun Pausewang, aus: Vorlesebuch Religion, Bd. 1, Verlag Ernst Kaufmann, Lahr.

S. 139–142:   © Renate Schupp, Seelbach.

S. 148, 166, 189 (unten), 190: Aus: Der Jugendfreund, im Auftrag der „Jugendfreund Kommission" hg. für den Kindergottesdienst im Gesamtverband für Kindergottesdienst in der EKD und für Sonntagsschulen, Stuttgart.

S. 161–163:   Gudrun Pausewang, aus: Vorlesebuch Religion, Bd. 3, Verlag Ernst Kaufmann, Lahr.

S. 173:   Lied, aus: Biblische Spiellieder Äthiopien, KiMu, Kinder Musik Verlag GmbH, Velbert.

S. 179–181:   © Eva Bartoschek-Rechlin, Schönau.

S. 188–189:   oben: © Rolf Krenzer, Dillenburg.